JN412541

마음속 허기까지 달래주는

감 성 집 밥

마음속 허기까지 달래주는

감성집밥

2015. 2. 4. 초판 1쇄 발행
2015. 9. 10. **초판 3쇄 발행**

저자와의
협의하에
인지생략

지은이 | 김정미
펴낸이 | 이종춘
펴낸곳 | **BM** 성안당

주소 | 121-838 서울시 마포구 양화로 127 첨단빌딩 5층(출판기획 R&D 센터)
　　　413-120 경기도 파주시 문발로 112(제작 및 물류)

전화 | 02) 3142-0036
　　　031) 950-6300
팩스 | 031) 955-0510
등록 | 1973.2.1 제13-12호
출판사 홈페이지 | **www.cyber.co.kr**
ISBN | 978-89-315-7829-4 (13590)
정가 | **15,800원**

이 책을 만든 사람들
기획 | 최옥현
진행 · 교정 | 정지현
표지 · 본문 디자인 | 想 company
홍보 | 전지혜
국제부 | 이선민, 조혜란, 신미성, 김필호
마케팅 | 구본철, 차정욱, 나진호, 이동후, 강호묵
제작 | 김유석

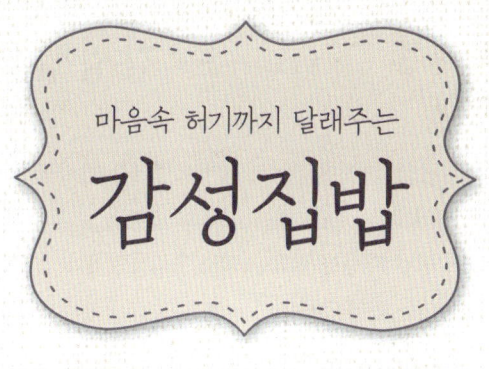

마음속 허기까지 달래주는

감성집밥

요리하는 여자
김정미

BM 성안당

Prologue

마음속 깊은 허기까지 달래 다시 힘내서 잘 살아갈 수 있도록 하는
고마운 『감성집밥』이 있어 다행입니다.

'월화수목금금금' 이라는 가사가 유행어가 될 정도로 쉼 없이 치열하게 살아가고 있는 요즘, 맛있는 음식을 먹는 것으로 즐거움을 느끼는 사람들이 많아졌습니다. 특히, 정성이 담긴 따뜻한 집밥은 이런 우리들에게 늘 그리움의 대상이죠.
어릴 적에는 한 숟가락이라도 더 먹여 보내려고 다그치는 엄마가 원망스럽기도 했지만, 퇴근해서 아무도 없는 불 꺼진 집에 들어설 때면 사람의 온기와 따뜻한 집밥이 그리워 괜스레 울컥하기도 합니다. 아마 사람들이 집밥을 잊지 못하고, 정신없이 바쁜 워킹맘도 집밥을 포기하지 못하는 이유는, 음식과 함께 담겨 나오는 가족의 정과 따뜻한 감성 때문이겠죠. 우리들 마음속 깊은 허기까지 달래 다시 힘내서 잘 살아갈 수 있도록 하는 고마운 감성집밥이 있어 다행입니다.^-^

가족들 배꼽시계가 울리기 전에 서둘러 밥상을 차리려고 냉장고 문을 열었을 때 눈에 들어오는 돼지고기와 콩나물! 오늘은 이 재료로 어떤 요리를 할까?

『감성집밥』은 이런 생각에서부터 시작됩니다. 밥상에 메인이 될 돼지고기는 다양한 양념으로 맛을 낸 돼지고기 요리 중에서 제육볶음덮밥을 선택하고, 콩나물 요리에서는 제육볶음과 어울릴만한 냉콩나물국을 선택해서, 레시피 대로 하나둘 따라 하다 보면 어느새 맛있는 밥상이 차려지죠.

이 책은 소고기 요리 26가지, 돼지고기 요리 18가지, 닭고기 요리 17가지 등 272가지 요리를 재료별로 보기 좋게 정리해 놓아 우리 집 냉장고 속 재료들로 지금 당장 만들 수 있는 요리를 쉽게 알수 있고, 주재료를 이용한 국, 찌개, 볶음, 구이, 찜, 덮밥 등의 다양한 요리들을 소개하고 있어 옆에 두고 항상 활용할 수 있습니다.

또 봄, 여름, 가을, 겨울 제철에 나오는 신선하고 맛 오른 재료들로 만들어 365일 우리 가족의 밥상에 올렸던 실제 요리들의 사진과 레시피를 정리한 살아있는 진짜 집밥을 소개하였습니다.

불려둔 잡곡으로 고슬고슬 밥을 짓고, 김치콩나물국 후룩룩 끓여두고, 나물은 진한 초록빛으로 곱게 데쳐 깨소금, 참기름에 살살 무쳐 내고, 야채 송송 썰어 달걀말이도 해놓고, 주말에 만들어 둔 바삭한 멸치볶음도 좀 내고, 용기뚜껑 열자마자 군침 돌게 하는 적당히 맛이든 깍두기도 담고, 향긋한 깻잎김치도 한 접시 내어 놓은 밥상은 뭐하나 특별한 건 없지만 따뜻하고 정겨운 감성집밥이죠. 아무리 바쁘고 힘들어도 부지런히 장을 봐서, 재료를 다듬고, 정성껏 만들어 밥상에 올리던 소박한 엄마의 집밥이 이제는 우리에게 늘 그리운 밥상이 된 것처럼 『감성집밥』은 훗날 내 아이 에게 애틋한 집밥의 추억과 향수가 될 것이고, 남편에 대한 가장 적극적인 사랑의 표현이라 생각합니다.

요리를 전공하거나 특별히 배운 적은 없지만 요리는 저의 가장 큰 관심분야입니다. 그리고 맛있고 새로운 음식을 봤을 때, 어떻게 하면 이 맛을 낼지 고민하고 재현하는 일은 제가 가장 즐거워하는 일이죠. 요리책을 쓰는 저자이기 이전에 10년차 주부로 밥상을 차리는 일은 저에게 너무나도 당연한 일상입니다. 하지만 그저 당연하게 '먹고 살기위한 것'이 아닌 '제대로 된 요리'를 하는 요리하는 여자로 살고 싶습니다.^-^

제 요리책이 나오기를 기다려주신 많은 분들께 너무 긴 기다림을 드린 것 같아 죄송스런 마음입니다. 요리책 기다리느라 기린 되신 카친여러분, 벗님들, 월드메르디앙 이웃님들 모두 모두 감사드립니다. 이제 『감성집밥』 펼쳐 놓고 요리하느라 여기저기 양념도 묻고, 손때도 묻어 너덜너덜해지길 바랍니다.^-^ 그리고 함께 고민하고 고생해주신 국장님, 차장님, 편집해주신 지현씨에게도 감사드립니다.

마지막으로 함께 장봐주고 넌 잘해낼 거라고 항상 곁에서 응원해준 남편님과 부족한 엄마를 늘 자랑스러워하는 우리 딸 지민이에게 고마운 마음을 전합니다.

Contents

Prologue

Basic Guide

Part 1.
고기

Part 2.
채소

Part 3.
달걀&가공식품

Part 4.
해산물

Basic Guide

● 계량법

계량이 쉬워야 요리가 즐겁죠.
친근한 우리 집 밥숟가락과 일반 종이컵 그리고 내 손으로 하는 쉽고 간단한 계량법입니다.

밥숟가락

• 1

설탕(1) 수북히 담아 윗면을 살짝 깍은 양

간장(1) 가득 담겨 볼록한 모양

고추장(1) 가득 담겨 볼록한 모양

• 1/2

설탕(1/2) 숟가락 반보다 약간 많은 양

간장(1/2) 숟가락 가운데 반 정도 담긴 양

고추장(1/2) 볼록하게 반 정도 담긴 양

• 1/3

설탕(1/3) 숟가락 끝 1/3 보다 약간 많은 양

간장(1/3) 숟가락 가운데 1/3 정도 담긴 양

고추장(1/3) 볼록하게 1/3 정도 담긴 양

종이컵

- 1컵

쌀(1컵) 종이컵에 가득
담긴 양

- 1/2컵

간장(1/2컵) 가운데에서 약간
더 올라오는 양

- 1/3컵

맛술(1/3컵) 가운데에서 약간
더 내려가는 양

직접 손으로

- 1줌

콩나물(1줌) 손질한 재료를
가득 쥐었을 때의 양

국수(1줌=1인분) 엄지와 검지를
살짝 쥔 정도의 양(ok하는 손
모양)

국멸치(1줌) 한손에 수북히
담은 양

- 약간

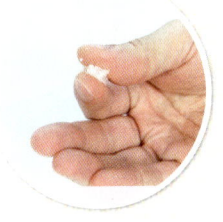

굵은 소금(약간) 엄지와
검지로 잡을 수 있는
정도의 소량으로
입맛에 맞게 간을
조절하면 됩니다.

- 적당량

식용유(적당량) 요리 전에
두르는 식용유처럼 말 그대로
적당히 두르는 재료나 요리
완성 후 뿌리는 통깨 같은
재료들은 맛에 특별히 영향은
주지 않으므로 기호에 따라
적당히 넣으면 됩니다.

- **잘박하게**는 재료가 살짝 잠길 정도의 물의 양
- **자작하게**는 국물이나 조림장이 조려져서 얼마 남지 않은 상태
- **한소끔**은 한번 우르르 끓어오르는 것
- **뭉근하게**는 세지 않은 불기운에 끊이지 않고 지속적으로 끓이는 것
- **까불러서**는 키질하듯이 위아래로 흔들어 양념을 고루 묻게 하는 것
- **꾸덕하게**는 겉이 살짝 마르거나 약간 굳어진 상태로 '말랑'과 '딱딱'의 중간 정도
- **편으로 썰기**는 재료의 두께를 조절하여 적당히 얇고 넓게 썰기(= 슬라이스로 썰기)
- **숭덩숭덩 썰기**는 큼직하고 거친 듯 무심하게 툭툭 썰기

● 만능양념장 만들기

미리 넉넉하게 만들어두면 볶음, 밑반찬, 찌개, 국 등을 요리할 때 여기저기 요긴하고 편리하게 사용할 수 있는 만능
양념장입니다. 바쁜 시간에 빠르고 편리하게 요리할 수 있어서 시판 양념장 시장이 크게 성장하고 있다는 요즘….
전 집밥의 고수답게 몸에 좋은 천연재료를 이용해서 만능양념장을 만들었습니다. 바쁜 워킹맘이나 자취생, 집밥을
좋아하시는 모든 분들께 꼭 필요한 만능양념장이 되리라 생각합니다.

만능간장

각종 조림반찬, 불고기양념, 잡채, 샐러드드레싱은 물론이고, 들어가는 재료가 별로 없어서 맛내기 힘든 각종 나물무침
등에 사용하면 향긋하고 감칠맛을 주어 요리의 완성도가 높아집니다. 유리병에 담아 냉장 보관하면 3개월까지도 보관이
가능하니 넉넉하게 만들어서 활용해보세요.

양념재료 간장(6컵=950ml), 물(3컵), 청주(1컵), 설탕(1/2컵), 꿀이나 올리고당(5)
천연재료 대파뿌리(5개)나 대파 흰 부분(2대), 사과나 배(1개), 마늘(10개), 생강(1톨), 건고추(2개)

1 **양념재료**와 **천연재료** 모두 넣고 팔팔
끓이다가 약불에서 30분간 더 끓이고,

2 끓인 간장을 식혀서 체에 걸러 냉장 보
관해주면 만능간장 완성.

만능된장

된장찌개나 된장국을 끓일 때 육수를 따로 낼 필요 없이, 천연가루를 넣어 맛과 영양에 편리함까지 담은 만능된장입니다.
끓는 물에 만능된장 몇 숟가락 넣고 끓이면 구수하고 감칠맛 나는 된장찌개나 된장국을 만들 수 있고, 된장이 들어가는
나물무침도 맛있게 만들어 줍니다. 또 고춧가루와 설탕, 참기름을 조금 넣어주면 훌륭한 쌈장이 됩니다.

양념재료 재래된장(3컵), 물(1과 1/2컵), 고추장(1), 참기름(3), 다진 마늘(3)
천연재료 멸치가루(3), 표고버섯가루(2), 새우가루(1)
밀가루풀 밀가루(2), 물(1컵)

1 멸치와 건새우는 달달 볶아서 믹서나 분쇄기에 갈고, 말린 표고버섯도 갈아서 가루로 준비하고,

2 예열한 팬에 참기름(3) 두르고 다진 마늘(3) 볶아 향을 내고,

3 재래된장(3컵)도 믹서에 갈아서 물(1과 1/2컵), 고추장(1), **천연재료**와 **밀가루풀** 만들어 고루 섞어가며 볶아주면 만능된장 완성.

만능고추장

오징어볶음, 제육볶음, 비빔국수, 나물무침 등 고추장이 들어가는 모든 볶음 요리나 무침에 쓰이며, 식초만 더하면 골뱅이무침이나 회무침에도 좋습니다. 참고로, 일주일 이상 넉넉히 쓰신다면 마늘은 양념장에서 숙성이 되어 신맛을 내니 마늘은 그때그때 요리할 때 넣어주세요.

양념재료 고추장(6), 고춧가루(1/2컵), 간장(2), 소금(1), 설탕(1), 청주(2), 다진 마늘(3)
천연재료 홍시(1/2개)나 매실청(3)

1 냉동홍시의 경우 해동해서 껍질을 벗기고 씨도 빼주고,

2 **양념재료** 넣고 고루 섞어서,

3 냉장고에서 1시간 정도 숙성시켜주면 만능고추장 완성.

● 500년 전 요리서 '수운잡방'부터 '감성집밥'까지

운명 같은 나의 요리 이야기

500년 역사 속으로의
의미 있는 여행

요리책이 어느 정도 마무리 되고 있을 때쯤 바쁜 엄마 곁에서 지루한 여름방학을 보내고 있는 딸과 함께 안동 군자마을 고택체험여행에 나섰다. 500년 전 이곳에서 '수운잡방'이라는 요리서를 쓰셨다는 김유할아버지의 발자취를 돌아보는 것도 지금의 나에게는 의미 있는 일이라는 생각이 들어 이번 여행이 더 기대가 되었다.

안동에 들어서자 '한국 정신문화의 수도'라는 현판이 눈에 들어온다.
'그래, 우리도 안동에서 오늘 하루 선비가 되어보자.'
35번 국도를 따라 도산서원 방향으로 30분 정도 달리다 보니 오른쪽 산기슭
에 아름다운 한옥마을이 보인다. 입구에 새겨진 '군자리'라 쓴 빗돌을 따라 들
어가니 넓은 주차장과 커다란 나무가 제일 먼저 우리를 반긴다. 격조 높은 한국
전통목조건물의 웅장하고 힘찬 기운과 정갈하면서도 자연스러운 조경은 자연
과 사람이 공존하는 법을 고스란히 드러내는 듯하다.

'이렇게 멋진 곳이 탁청정 김유할아버지가 살던 곳이구나!'
광산김씨 38대손인 나의 어깨가 으쓱해진다. 한평생 학문을 깊이 세길 수 있다
면 그저 만족하는 선비, 시끄러운 세상에서 한발 떨어져 세간의 수많은 의견 중
옳고 그름을 되새겼을 선비의 모습이 떠오르면서 이 마을은 그 시대의 기억을
고스란히 간직하고 있을 것 같은 생각이 들었다.
대청마루에 앉아 색색이 핀 백일홍과 세월의 흔적만큼이나 닳고 닳아 반질한
기둥을 조심스럽게 만져본다.

군자들이 유유자적하며 사는 '군자마을'

이중환의 '택리지'에서도 찾아볼 수 있는 이 마을의 역사는 조선시대 초기 광산
김씨 예안파의 김효로가 '외내'라는 마을에 일가를 이루고 살았는데, 안동댐 건설
로 수몰될 위기에 처하자 모든 가옥과 정자, 전적, 유물 등 마을 소유의 문화재를
원형 그대로 현재의 이곳 와룡면으로 옮기고 마을 이름을 '군자마을'이라 하였다.
이 이름은 과거 외내에서 당대의 도학군자가 여럿이 배출되자 당시 안동부사께서

"이 마을에는 군자 아닌 사람이 없다." 고 한데서 유래되었다고 한다.

비록 수몰되어 옮겨진 마을이라 예전의 풍취는 사라졌을지 몰라도 그들의 정신마저 앗아가지는 못했을 것이다. 많은 후학을 양성하고, 퇴계이황과 사돈을 맺고 교우하며 종택의 명문가로서 자부심이 대단했을 이 마을은 '군자마을'로 바뀐 이름이 말해주듯 군자로서의 기상으로 영원할 것이다.

현재까지도 소중한 문화재를 지키고 명맥을 이어나가기 위해 후손들이 마을에 거주하면서 일반인들에게는 고택체험의 기회를 제공하고 있다. 남아있는 20여 동의 고건축물과 보물로 지정된 고문서들, 특히 요리서 '수운잡방(需雲雜方)'이 보여주는 500년의 뿌리 깊은 생활문화를 되살려 현재의 우리들에게 체험할 수 있는 기회를 제공한다는 것은 감사하고 설레는 일이다.

'군자마을'은 이렇게 500년의 시간들이 현재의 시간에 이어져 살아 숨 쉬는 가치를 만들어내고 있었다.

풍류를 아는 군자
'탁청정 김유'

김효로에게는 두 아들이 있었는데 큰 아들은 문과에 급제하여 벼슬길에 올랐고, 둘째인 김유는 생원시에 합격했지만 어지러운 세파를 멀리하고 산수가 좋은 이곳에서 관직에 나간 형을 대신하여 부모님을 극진히 모시고, 마음을 닦고 학문에 정진했다고 한다.

탁청정 김유(1491~1555)는 아무리 행색이 초라해도 한결같이 반갑게 손님을 접대해 마을을 지나는 사람들은 거의 다 이 집 문을 두드렸다고 한다. 우리가 잘 알고 있는 애니메이션 '장금이의 꿈'에서는 궁에서 쫓겨난 장금이를 구하고 요리의 기초를 알려주는 새로운 스승의 캐릭터로 김유선생이 등장하기도 한다.

할아버지에 이런 모습들을 보면 많은 이에게 인심을 베풀고, 본인의 삶속에서 풍류를 놓치지 않고자 했던 멋있는 분이셨다는 생각이 든다. 아마도 '수운잡방' 은 이러한 환경 속에서 자연스럽게 만들어졌을 것이다. 사대부의 신분이면서도 부녀자들의 관심사였던 요리서를 저술할 만큼 실용과 탐미를 적절히 조화해낸 탁청정 김유!

선비의 높은 절개와 맑은 삶에 대한 염원을 담은 할아버지의 호를 따서 지은 정 자인 '탁청정'은 조선중종 36년에 세운 것으로 정자에 가옥이 딸린 구조로 되 어있는데, 방문을 모두 열면 대청마루와 연결되어 커다란 대청마루가 더욱 커지 는 특이한 구조를 하고 있다. 개인 정자로는 보기 드물게 그 규모가 크고 우아 함이 당대 최고였음을 명필 한석봉이 쓴 현판이 말해주고 있는 것 같다.
수백 년의 세월 속에 탁청정 대청마루는 얼마나 닦고 또 닦았을까? 윤이 자르 르 흐르는 대청마루에 앉아 운치를 더해주는 정자 옆 네모난 연못을 바라본다. 호탕하면서 사람과 어울리기를 좋아했던 집주인 탁청정 김유할아버지께서는 지 금도 많은 사람들이 탁청정 정자에 앉아 휴식을 취하고, 화려했던 옛 모습을 떠 올려 주기를 원하시지 않을까?

'수운잡방(需雲雜方)' 이야기

'수운잡방'은 1500년대 초, 김유할아버지께서 친필로 저술한 요리서로, '수운 (需雲)'은 '구름 위 하늘에서 음식과 주연으로서 군자를 대접한다.'는 의미이고, '잡방(雜方)'은 '갖가지 방법'이라는 말이 합쳐져, '풍류를 아는 군자에게 걸 맞 는 요리법'이라는 뜻이다. 이 책은 상·하권 두 권으로 엮어졌으며, 121개의 요리 를 소개하고 있다. 술빚기와 관련한 항목이 절반을 차지하고, 그 외 식초와 장류,

김치, 조과 만들기, 파종과 채소저장법도 쓰여 있다. 또한 재료의 사용, 조리, 가공법에 이르기까지 구체적이고 상세하게 쓰여 있어 당시 우리나라의 식생활을 정확하게 알려주고 있다. 이 책은 고춧가루가 들어오기 전에 쓰였다는 점에서 신라, 고구려, 조선 초기에 이르기까지 약 천년 동안의 식생활을 엿볼 수 있는 것이다.

삼색으로 만든 녹두묵과 은어나 숭어를 완자로 만든 후, 붉은 새우 살로 장식하고, 은어를 삶아낸 육수로 탕을 끓인 '삼색어아탕'의 화려한 오방색은 지금의 우리 눈과 입을 놀라게 한다. 또 술 빚는 방법과 손님접대를 위한 양반가의 술안주까지 자세하게 실려 있는 것을 보니, 명실상부한 조선 중기 손님 레시피의 전형이 아닐까 생각된다.

'수운잡방'에는 찾아온 손님을 극진히 대접했던 탁청정 김유할아버지의 따뜻한 마음과 음식을 통해 문화를 교류하고, 마음을 전했던 옛 선비의 지혜가 고스란히 담겨 있다.

할아버지가 남기신 요리책은
나에게 우연이 아니라 운명이었다.

종부께서는 역사공부를 마치고 온 우리에게 농사일에 거칠어진 손으로 솥을 걸어 삼계탕을 끓여주셨다. 그리고 우리는 여느 때보다 빨리 찾아온 고택에서의 밤을 위해 김유할아버지의 첫째 아들이자 나의 선조의 친가였던 산남정에서 하룻밤을 보내게 되었다. TV도 인터넷도 없는 낯설고 어색한 공간에서 빛이라고는 밝은 달과 별들뿐인 한적한 고택에 누워 잠을 청해 보았다. 바스락거리는 풀벌레 기척소리 마저 느껴지는 고요한 이 밤에 오늘따라 유난히 밝게 빛나는 달과 반짝이는 별들을 올려다 보았다.

어느 새 살포시 들어온 기분 좋은 아침 햇살을 알람 삼아 일어나 문을 열고 나가보니, 조선시대 옷차림을 한 무리들이 북적거린다. 밤새 타임머신을 타고 조선시대로 온건 아닐까? 눈을 비비고 다시 보니 드라마 촬영이 한창이었다. 사계절 모두 아름다운 군자마을은 영화 「광해」, 「관상」, 드라마 「공주의 남자」, 「조선총잡이」 등 조선시대를 배경으로 하는 거의 모든 작품의 훌륭한 촬영지가 되고 있다고 한다.

대학을 막 졸업하고 열심히 그림을 그리고 있던 나에게 출판사에서는 그 당시 유행이라 그저 취미로 올렸던 나의 블로그 요리를 보고 요리책을 써보지 않겠냐는 제안을 해왔고, 재미있을 것 같다는 생각에 흔쾌히 받아드렸던 20대의 내 모습이 떠올랐다. 한 번도 가지 않았던 새로운 길인데 낯설기보다는 설레여 했던 그때의 당찬 내 모습을 아마도 할아버지께서는 흐뭇하게 바라보셨을 것 같다. 사실 첫 번째 요리책을 만들고 있을 때 나의 직계할아버지께서 저술하신 500년 된 요리서가 있다는 것을 우연히 알게 되었고, 너무 신기해서 정말이지 이런 우연은 드물다고 생각했었다. 하지만 이제 와서 생각해보니 그건 그냥 우연만은 아니었던 것 같다. 평범했던 내 삶에 운명처럼 다가온 요리는 나에게 또 다른 삶을 가져다주었고, 지금의 내 모습을 만들어 주었으니 말이다.

'밥이 보약이다.' '금강산도 식후경'이라는 속담들을 통해 알 수 있듯이 우리의 삶에 있어 가장 기본이면서도 필수적인 것은 바로, 음식일 것이다. 유교문화와 선비정신이 최고조에 이르렀던 그 당시 선조께서 '수운잡방'을 남기신 것은 아마도 지금의 우리에게 천년동안의 식생활을 엿볼 수 있게 하려는 것 뿐 아니라 맛과 영양을 고루 갖춘 좋은 음식을 통해 가족의 건강까지 염려한 할아버지의 마음을 전하고 싶으셨던 것은 아니었을까?

아무리 세월이 흐르고 시대가 변해도 가족에 대한 사랑은 변하지 않듯, 『감성집밥』에 소개된 나의 레시피들도 사랑하는 내 가족을 위해 건강하고 맛있는 밥상을 차리고자 하는 많은 사람들에게 더 없이 좋은 길잡이가 되길 바란다.

Part 1.

고기

봄에만 볼 수 있는 귀한 두릅은 숙회로 살짝 데쳐 초고추장에 찍어 먹으면 참 향긋하죠.
사남매를 키우신 엄마는 양이 많지 않은 두릅을 돼지두루치기에 넣어 볶아주셨어요.
두릅의 향이 고기에 배고,
고기의 육즙이 두릅에 배여 둘의 궁합은 환상이지요.
두릅을 보면 적은 양의 두릅으로도
온 가족 모두 입이 바쁘고 즐거웠던 시간이 아직도 떠올라요.

데리야키삼겹살

한국인이 가장 선호하는 부위인 삼겹살은 어떻게 요리를 해도 최고지만,
오늘은 맛과 비주얼 모두 만족할 수 있는 데리야키소스로 맛있게 구워 봤어요.
소스를 좀 넉넉하게 만들어 냉장고에 두었다가
생선구이나 각종 고기요리, 볶음밥 등에 넣어 맛있게 만들어 드세요.

주재료 삼겹살(400g), 깻잎(15장)
밑간양념 청주(2), 후춧가루(약간)
데리야키소스 간장(6), 설탕(3), 올리고당(3), 청주(6), 맛술(6), 물(6), 마늘(2개), 생강(1톨)

recipe

1 삼겹살에 **밑간양념**을 하고,

2 **데리야키소스** 재료를 모두 넣고, 약한 불에서 졸여 식혀두고,

3 데리야키소스에 삼겹살을 앞뒤로 적셔서,

4 달군 팬에 노릇하게 구워주고, 깻잎은 돌돌 말아 가늘게 채 썰어 얹어내면 끝.

돼지두릅두루치기

봄에만 볼 수 있는 귀한 두릅은 숙회로 살짝 데쳐 초고추장에 찍어먹으면 참 향긋하죠.
사남매를 키우신 엄마는 양이 많지 않은 두릅을 돼지두루치기에 넣어 볶아주셨어요. 두릅의 향이 고기에 배고,
고기의 육즙이 두릅에 배여 둘의 궁합은 환상이지요.
두릅을 보면 적은 양의 두릅으로도 온 가족 모두 입이 바쁘고 즐거웠던 시간이 아직도 떠올라요.

주재료 돼지고기(불고기용 400g),
두릅(10개), 대파(1대), 마늘(3개), 물
(1/2컵), 굵은 소금(약간), 식용유(적
당량), 고춧가루(1)

양념장 고추장(3), 고춧가루(1), 청주
(2), 간장(1), 올리고당(2), 생강가루,
후춧가루(약간씩)

recipe

물기를 없앤 뒤
껍질을 벗겨 큰 것은
반 가르고, 긴 것은
먹기 좋게 잘라주세요.

볶음요리 마지막에
고춧가루를 추가로
넣으면 빛깔도
곱고 향도 좋아요.

1 **양념장**을 만들어 돼지고기
에 조물조물 버무려 재워두
고,

2 끓는 물에 굵은 소금(약간)
넣고, 두릅을 데쳐서 찬물에
헹궈 물기 빼고,

3 식용유 두르고 편으로 썬 마
늘을 볶아 향을 낸 후, 중불
에서 돼지고기를 볶다가,

4 고기가 익으면 물(1/2컵) 붓고
데쳐놓은 두릅을 넣어 볶다
가 고춧가루(1), 어슷 썬 대파
넣고 볶아주면 끝.

주꾸미삼겹살

돼지고기와 해산물은 볶음요리에서 맛 궁합이 참 좋아요.
'주꾸미+삼겹살=쭈삼, 오징어+삼겹살=오삼' 같은
줄임말이 더 친숙한 이름이지요.
양념장은 그냥 똑같이 하시고, 해산물만 이것저것 바꿔가며
만들어보세요. 아삭하고 향긋한 미나리는 꼭 끼워주시고요.

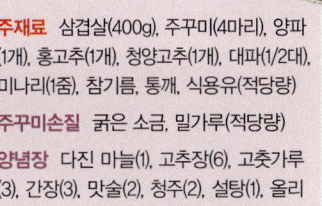

주재료 삼겹살(400g), 주꾸미(4마리), 양파
(1개), 홍고추(1개), 청양고추(1개), 대파(1/2대),
미나리(1줌), 참기름, 통깨, 식용유(적당량)

주꾸미손질 굵은 소금, 밀가루(적당량)

양념장 다진 마늘(1), 고추장(6), 고춧가루
(3), 간장(3), 맛술(2), 청주(2), 설탕(1), 올리
고당(1), 생강가루, 후춧가루(약간씩)

recipe

1 주꾸미는 머리에 든 내장을 제거하고,
주꾸미손질 재료 넣고 바락바락 씻어
깨끗이 헹구고,

2 **양념장**을 만들어 주꾸미와 삼겹살에
각각 버무려 재워두고,

3 양파는 채 썰고, 고추와 대파는 어슷
썰고, 미나리는 4cm 길이로 썰어 준비
한 후,

4 달군 팬에 식용유를 두르고 삼겹살을
먼저 볶다가,

5 썰어놓은 양파와 대파, 고추와 주꾸미
도 넣어 함께 볶고,

6 참기름, 통깨, 미나리를 넣어 버무리듯
살짝 볶아내면 끝.

돼지약된장비빔밥

약된장, 약고추장, 이런 애들은 그 자체만으로도 맛있는 별미이자 참 유용한 반찬이에요.
예쁜 용기에 담아 선물하기에도 좋고, 주부의 장시간 출타시에도 완전 환영받는 메뉴지요.
전 오늘 참나물, 부추를 올려 다른 반찬도 필요 없는 완벽한 한 그릇을 만들어놓았어요.
그럼 전 외출준비 하러 갑니다. 뿅~

주재료 돼지고기(다짐육 300g), 참나물(1줌), 부추(1줌), 양파(1/4개), 다진 마늘(1), 다진 파(1/2), 식용유(적당량)

밑간양념 다진 마늘(1), 간장(1), 청주(1), 후춧가루(약간)

나물양념 고춧가루(2), 참기름(1)

양념장 다시마물(2컵), 된장(7), 고추장(1), 고춧가루(1), 다진 청양고추(1/2), 참기름(2), 꿀(2)

recipe

덩어리지지 않게 헤쳐 가며 볶아주세요.

1 키친타월로 꾹꾹 눌러 핏물을 뺀 돼지 다짐육에 **밑간양념**해서 재웠다가,

2 달군 팬에 식용유를 두르고 다진 마늘(1), 다진 파(1/2) 넣어 미리 향을 낸 후 재워둔 다짐육 넣고 달달 볶아서,

3 **양념장**을 넣고 국물이 자작하게 졸아들 때까지 볶아주고,

4 참나물, 부추, 양파는 먹기 좋게 썰어 **나물양념**에 가볍게 무쳐 함께 내면 끝.

제육볶음덮밥

제육볶음은 삼겹살이나 목살로 해도 되지만
기름기가 적고 가격까지 저렴한 앞다리살이 제일 좋은것 같아요.
얇게 썬 불고기용 앞다리살에 야채를 듬뿍 넣어 다른 반찬은 필요 없는 완벽한 한그릇을 만들어보세요.

주재료 돼지앞다리살(불고기용 500g),
양파(1/4개), 양배추(1줌), 풋고추(2개),
대파(1대), 고춧가루(1), 식용유(적당량)
양념장 고추장(4), 설탕(1), 올리고당
(1), 간장(2), 청주(1), 참기름(1/2), 생강
가루, 후춧가루, 소금(약간씩)

recipe

1 **양념장**을 만들어서 돼지고
기에 조물조물 버무려 재워
두고,

2 양배추는 굵게 채 썰고, 풋
고추, 대파는 어슷 썰고, 양
파도 채 썰어 준비하고,

3 달군 팬에 식용유 두르고 재
워둔 고기를 넣어 볶다가,

4 양배추와 양파도 함께 볶아
숨이 죽으면 대파, 풋고추,
고춧가루(1) 넣어 버무리듯
볶아주면 끝.

돼지목살김치찌개

집밥에 대표음식이자 기본요리인 김치찌개를 어떻게 하면 맛있게 끓일 수 있는지 자주 질문을 받는데요,
쉽지만 선뜻 대답하기 어려운 질문이에요. 그래도 굳이 글로 표현해보면, 알맞게 잘 익은 맛있는 김치와
양질의 돼지고기, 감칠맛 내줄 다시국물과 약간의 양념만 있다면 누구나 최고의 김치찌개를 끓일 수 있답니다.
그리고 누가 뭐래도 세상에서 가장 맛있는 김치찌개는 해외여행 다녀와서 먹는 겁니다.^-^

주재료 돼지고기(목살 400g), 김치(1/4포기), 김칫국물(3), 대파(1대), 풋고추(1개), 식용유(적당량)

멸치다시마국물 물(5컵), 국멸치(10마리), 다시마(사방 5cm 2장)

양념재료 고추장(1), 소금, 설탕(약간씩)

밑간양념 청주(2) 다진 마늘(1/2), 후춧가루(약간)

recipe

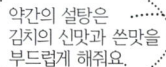

약간의 설탕은 김치의 신맛과 쓴맛을 부드럽게 해줘요.

1 돼지고기에 **밑간양념**을 하고,

2 냄비에 식용유를 두르고 먹기 좋게 썬 김치와 김칫국물, 밑간한 돼지고기를 넣어 볶다가,

3 고기가 하얗게 익으면 **멸치다시마국물**을 붓고, **양념재료**를 넣어 중불에서 끓이다가,

4 어슷 썬 풋고추와 대파 넣어 살짝 끓여내면 끝.

짜글이찌개

짜글이란, 찌그러진 냄비에 돼지고기와 각종 야채들을 넣고
잘박하게 끓여내는 충청도 청주의 먹거리입니다. 제가 청주에서 학교를 다녀서 잘 알지요.^-^
찌개와 볶음의 중간 맛이랄까? 먹을수록 맛있는 매력적인 찌개요리랍니다.

주재료 돼지고기(400g), 애호박(1/3개), 양파(1/4개), 감자(1개), 홍고추·풋고추(1개씩), 대파(1/2대), 물(2컵)

볶음양념 다진 마늘(1), 간장(1/2), 새우젓(1), 참기름(1), 후춧가루(약간), 물(1컵)

찌개양념 고추장(1), 된장(1), 고춧가루(1), 설탕(1/2), 국간장(1), 소금(약간)

recipe

1 애호박과 감자, 양파는 비슷한 크기로 깍둑 썰고, 홍고추, 풋고추, 대파는 송송 썰어 준비하고,

2 먹기 좋게 썰어 준 돼지고기와 **볶음양념**을 넣고 볶다가,

3 물(2컵)붓고, 감자를 먼저 넣어 끓이다가,

4 끓어오르면 **찌개양념**, 양파와 애호박을 넣고 끓이다가 대파, 고추를 넣고 한소끔 끓여주면 끝.

물갈비

물갈비 아시죠? 전주에 유명한 물갈비집이 체인사업을 해서
그리 생소하진 않으실 거예요. 매콤한 양념에 재운 고기와
전골처럼 국물을 떠먹을 수 있게 만든 국물 있는 갈비입니다.
제가 전주에 살 때 유명 물갈비집 두 곳을 들락거리며
재현한 요리라서 몹시 만족스러우실 거예요.^-^

주재료 돼지갈비(4대), 목살(3장), 콩나물
(1줌), 양파(1/2개), 대파(1/2대), 당면(1줌)

삶는 재료 청주(2), 대파(1/2대), 마늘(4개),
물(5컵)

양념장 다진 마늘(1), 고추장(2), 고춧가루
(1), 간장(2), 맛술(2), 설탕(1), 양파즙(3), 후
춧가루, 생강가루(약간씩)

recipe

1 돼지갈비는 찬물에 담아 핏물을 빼고,
목살은 키친타월로 눌러 핏물을 뺀
후,

2 돼지갈비와 **삶는 재료**를 넣고 압력솥
에 20분 정도 삶아 육수는 따로 걸러
두고,

3 콩나물은 깨끗이 씻고, 양파는 채 썰
고, 대파는 송송 썰고, 당면은 미지근
한 물에 불리고,

4 **양념장**을 만들어 삶은 갈비와 목살에
버무려 30분 정도 재우고,

5 걸러둔 육수에 재워둔 고기를 넣고 끓
이다가,

6 콩나물, 대파, 불린 당면을 넣고, 한소
끔 끓여주면 끝.

등갈비매운찜

신혼 때 얼큰하게, 화끈하게 남편식성 맞춰주다가 슈퍼갑^-^ 아이가 태어나면서
모든 음식들이 맵지 않은 순한 맛으로 바뀌게 되지요.
하지만 가끔씩은 이런 매운 요리로 남편을 요리해 보세요. 요리가 된다니까요.ㅎㅎ

주재료 등갈비(1.2kg), 청양고추(5개), 감자(2개), 당근(1/2개)

삶는 재료 양파(1개), 대파(1대), 건고추(4개), 마늘(10개), 생강(1톨), 청주(3), 통후추(10알)

양념장 다진 마늘(2), 고춧가루(6), 간장(7), 맛술(3), 설탕(1), 올리고당(1), 참기름(1/2), 후춧가루(약간)

recipe

압력솥을 이용하면 삶는 시간을 단축할 수 있어요.

1 찬물에 담가 핏물을 뺀 등갈비에 **삶는 재료**를 넣고 잠길 만큼 물을 부어 30분 이상 삶아 육수는 따로 두고,

2 감자와 당근은 얇게 반달 썰고, 청양고추는 어슷 썰어 준비하고,

3 납작한 전골냄비에 등갈비와 등갈비 삶은 육수 붓고 **양념장**을 넣어 끓이고,

청양고추는 식성에 따라 개수를 조절하세요.

4 감자와 당근, 청양고추를 넣고, 국물이 자작하게 남을 때까지 조려주면 끝.

돼지갈비찜

양념장 재료가 너무 많아 복잡해 보여 그냥 시판 양념장에 재워 뚝딱 만들고 싶으세요?
양념장 재료를 자세히 들여다보면 하나같이 집에 흔히 있는 것들이고,
하나씩 따라서 넣다 보면 그리 복잡하지도 않아요.^-^
자, 힘내서 강판에 양파즙 좀 갈아볼까요? 좀 더 건강하고 맛있게 만들어 먹이는 건 우리 손에 달렸잖아요.

주재료 돼지갈비(800g), 무(1/4개), 당근(1/2개), 건고추(3개), 꿀(1), 참기름(1)

삶는 재료 대파(1대), 청주(2), 통후추(10알)

양념장 간장(7), 설탕(2), 올리고당(1), 다진 마늘(1), 다진 파(2), 양파즙(2), 사과즙(1/2개 분량), 깨소금(1), 생강가루, 후춧가루(약간씩)

recipe

무 대신 감자를 넣어도 좋고요. 미리 살짝 삶아서 넣으면 조리시간이 단축되요.

1 핏물 뺀 돼지갈비는 **삶는 재료**를 넣고 끓인 물에 10분 정도 초벌 삶기해서,

2 갈비는 건져서 찬물에 헹궈, **양념장**에 버무려 두었다가, 압력솥에 잘박하게 물을 부어 20분 정도 삶고,

3 압력솥에 김이 빠지면 삶아둔 무, 당근, 어슷 썬 건고추를 넣어 조리고,

4 마지막으로 꿀(1)과 참기름(1)을 넣어 뒤적거려 섞어주면 끝.

돼지사태김치찜

사골육수로 김치찜을 만들면 정말 맛있어요. 요즘은 사골육수가 진공포장되어 마트에서도
쉽게 구입할 수 있으니 편하고 참 좋아요. 전 첨가물이 전혀 들어가지 않는다는 유기농 제품을 선호하는데요.
각종 찌개, 국, 찜에 다양하게 활용되는 참 좋은 국물재료랍니다.
사골육수는 요즘 며느리들만 안다는 깊은 국물 맛의 탑 시크릿입니다.^-^

주재료 돼지고기(사태살 600g), 묵
은지(1/2포기 분량), 사골육수(6컵)
양념장 다진 마늘(1), 멸치가루(1),
간장(1/2), 청주(1), 설탕(1/2)

recipe

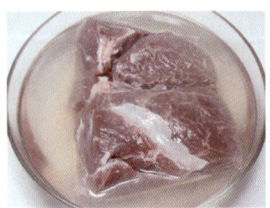

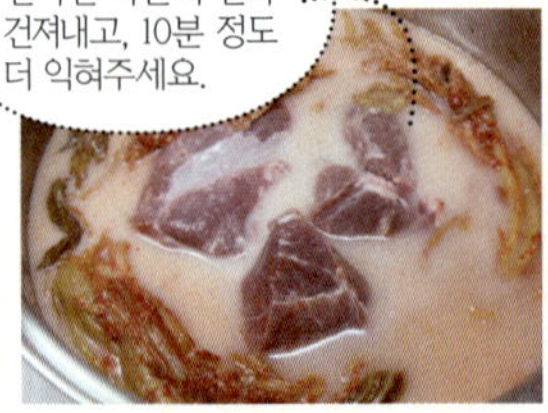

푹 익은 고기를 선호
한다면 묵은지 먼저
건져내고, 10분 정도
더 익혀주세요.

1 사태살은 찬물에 담아 핏물
을 빼고,

2 묵은지는 길쭉하게 반 잘라
주고,

3 압력솥에 고기와 김치를 담
고, 사골육수를 넣은 후 **양
념장** 풀어서 15분 정도 끓
여,

4 고기와 묵은지를 건져서 먹
기 좋게 썰어주면 끝.

오겹살수육

집에 손님이 오셨을 때나 특별한 날을 위한 필살기 요리가 몇 가지 필요한데요.
경험상 손님도 나도 만족스러운 메뉴 중 하나가 바로 수육이에요.
그럼 제가 잡냄새 없이 부드럽고 맛있는 수육을 만드는 방법을 알려드릴게요.

주재료 오겹살(800g), 새우젓(1), 채 썬 무(2줌), 채 썬 배(1줌), 쪽파(2대), 소금(1/2)

삶는 재료 된장(2), 커피(1/2), 양파(1/2개), 건고추(1개), 마늘(5개), 생강(1톨), 청주(1/2컵)

무양념장 고춧가루(3), 다진 마늘(1/2), 설탕(1/2), 올리고당(1), 멸치액젓(1), 생강가루(약간)

recipe

> 고기는 삶은 물에서
> 그대로 식히세요.
> 바로 건지게 되면
> 육질이 단단해져요.

1 찬물에 담가 핏물 뺀 오겹살을 팔팔 끓는 물에 넣고,

2 다시 물이 끓어오르면 **삶는 재료**를 넣고 1시간 정도 삶고,

3 채로 썬 무는 소금에 절였다가 꼭 짜서, 채 썬 배와 쪽파 모두 **무양념장**에 무쳐주고,

4 익은 고기는 그대로 식혀서 얇게 썰어 새우젓과 무 무침 함께 곁들이면 끝.

돼지고기고추잡채

중화풍 음식들은 조리과정이 그리 어렵지 않으면서도
만들어 놓으면 비주얼이 멋있어서 손님이 오셨을 때 참 좋아요.
저는 꽃빵 대신 모닝빵을 살짝 데워서 내놓기도 하는데 역시 반응이 좋아요.

주재료 돼지고기(잡채용 100g), 청·
홍피망(1/2개씩), 양파(1/2개), 마늘채,
생강채(적당량), 고추기름(2), 꽃빵(10개)

고기양념 후춧가루, 생강가루(약간씩),
녹말가루(1과1/2), 달걀흰자(1/2개 분량)

양념장 두반장(2), 간장(1), 설탕(1/2),
참기름(1)

recipe

마늘채, 생강채는
마늘과 생강을 가늘게
채 썬 것을 말해요.

1 채 썬 돼지고기는 **고기양념**
에 버무려주고,

2 청·홍피망과 양파도 채를
썰어 준비하고,

3 꽃빵은 한 김 오른 찜기에
쪄주고,

4 달군 팬에 고추기름을 두르
고 마늘채와 생강채를 먼저
볶다가, 고기 볶고, **양념장**,
피망, 양파 넣고 볶아주면 끝.

냉채족발

기름기가 쏙 빠져 담백하고 쫄깃한 족발에 새콤달콤한 맛을 낸 겨자소스를 만들어 갓 무쳐낸 냉채족발 ^-^
생각만 해도 벌써 침이 고이죠. 후다닥 야채 썰고, 겨자소스 만들어주면 끝!!
집 앞에 이슬이 사러 가신 남편님보다 빨라요.

주재료 돼지족발(400g), 오이(1/2개),
배(1/4개), 양파(1/2개), 당근(1/3개),
해파리(1컵), 식초(1/3), 다진 땅콩(3)

겨자소스 연겨자(2), 식초(6), 다진마
늘(1), 설탕(4), 올리고당(2), 소금(1/2),
간장(2), 레몬즙(3), 물(6)

recipe

해파리는 끓는 물에
데쳐내야 탱글탱글
식감이 살아나요.

1 오이와 당근은 반 갈라 어슷
썰고, 배는 채 썰고, 양파도
채 썰어 찬물에 담가 매운맛
을 빼고,

2 여러 차례 헹궈 소금기를 뺀
해파리를 끓는 물에 식초(1/3)
를 넣고 살짝 데쳐 찬물에 충
분히 담갔다가 물기를 빼고,

3 족발은 먹기 좋게 썰어주고,

4 **겨자소스** 만들어서 준비한
족발과 야채, 해파리에 얹
고, 다진 땅콩 뿌려주면 끝.

등갈비감자탕

원래 '감자탕'이라는 이름은 감자를 닮은 뼈가 들어가서 붙여진 이름인데,
감자 닮은 등뼈 대신 길쭉한 등갈비가 들어갔으니
이제 이름을 바꿔야 할까요?^-^
실한 감자가 여러 알 들어가니 그냥 등갈비감자탕으로 해도 되겠죠.

주재료 등갈비(1kg), 삶은 우거지(2줌),
감자(소 5개), 깻잎(20장), 대파(1/2대), 홍
고추·청양고추(1개), 들깨가루(3), 소금(적
당량), 물(2컵)

삶는 재료 대파(1/2대), 양파(1/2개), 생강
(1톨), 통마늘(5개), 청주(1/2컵), 통후추(10
알), 된장(1)

양념장 고춧가루(5), 다진 마늘(2), 국간장
(2), 멸치액젓(1), 후춧가루(약간)

recipe

1 핏물 뺀 등갈비에 **삶는 재료**를 넣고,
잘박하게 물을 부어 압력솥에서 20분
정도 삶고,

2 **양념장**을 만들어 삶은 우거지에 조물
조물 무쳐 준비하고,

3 대파와 고추는 어슷 썰고, 감자는 껍
질 벗겨 삶아놓고,

4 등갈비가 푹 고아지면 삶는 재료들은
건져내고,

5 삶은 감자와 양념한 우거지, 물(2컵)을
더 넣고 끓이다가,

식성에 따라 청양고추로
매운맛을 조절하세요.

6 깻잎을 큼직하게 썰어 넣고, 대파와
고추, 들깨가루(3) 넣어 끓이다가 소금
간하면 끝.

돼지등뼈찜

감자탕집에 또 다른 인기메뉴인 등뼈찜이에요.
안동찜닭을 만들 때 쓰는 양념장으로 해봤더니
얼마 전 모임에서 먹었던 딱 그 등뼈찜 맛이 나네요.
다음에는 해산물을 넣고 해물등뼈찜도 만들어 봐야겠어요.
적용하고, 응용해서 나만의 요리를 만들어 내는
이런 즐거움이 바로 요리의 매력 아닐까요?^-^

주재료 돼지등뼈(1kg), 대파(1대), 마늘(6개), 양배추(1줌), 청·홍고추(1개씩), 건고추(2개), 당면(1줌), 식용유(적당량)

삶는 재료 된장(1), 통후추(10알), 생강(1톨), 월계수 잎(2장)

양념장 간장(1/2), 설탕(3), 올리고당(2), 맛술(2), 다진 마늘(1), 굴소스(2), 물(1컵), 생강가루(약간)

마무리 양념 참기름(1), 꿀(1/2), 후춧가루, 통깨(약간씩)

recipe

1 돼지등뼈는 2시간 이상 찬물에 담가 핏물을 빼서 끓는 물에 넣고 우르르 끓인 후, 찬물에 헹구고,

2 등뼈가 잠길 정도로 물을 붓고, **삶는 재료**를 넣어 푹 삶고,

3 대파와 고추는 어슷 썰고, 마늘은 편 썰고, 양배추는 1cm로 썰고, 건고추는 씨를 빼서 자르고, 당면은 물에 불려 준비한 후,

4 달군 팬에 식용유를 두르고 마늘과 건고추를 넣고 볶아 향을 내고, 삶은 등뼈와 대파, **양념장**을 넣어 볶다가,

5 양배추, 고추, 당면을 넣어 자박하게 조려서,

6 **마무리 양념** 넣고, 버무리듯 섞어주면 끝.

안심돈가스

돈가스는 겉은 바삭하고 속은 부드러운 식감을 줄 때 가장 맛있어요.
그럼 부드러운 안심으로 바삭한 튀김옷을 준비해서
진짜 바삭하고, 부드러운 돈가스 한번 만들어 볼까요?^-^
비법은 바로 우유에 말아먹는 콘플레이크에 있답니다.

주재료 돼지고기(안심 600g), 양배추(2줌), 튀김
가루(1컵), 식용유(적당량)

밑간양념 카레가루(1/2), 청주(1), 양파(갈아서 1),
소금, 후춧가루(약간씩)

튀김반죽 튀김가루(1컵), 물(2/3컵), 달걀(1개)

튀김옷 빵가루(2컵), 무가당 콘플레이크(2컵)

돈가스소스 물(1과1/2컵), 우스터소스(5), 양파(다
져서 1), 밀가루(1/2), 버터(1), 후춧가루(약간)

샐러드소스 마요네즈(3), 우스터소스(1), 레몬즙
(1/2), 설탕(1/2), 깨소금(1)

recipe

우스터소스는
돈가스소스의 원료가
되는 소스로 직접
만들면 더 맛있어요.

비닐봉지에 빵가루와
콘플레이크를 넣고
밀대로 밀어서 곱게
부숴 튀김옷을
만들어주세요.

1 돼지고기 안심을 돈가스용으로 준비
해서 키친타월로 꾹꾹 눌러 핏물을 뺀
후, **밑간양념**에 재우고,

2 **돈가스소스** 재료를 모두 넣고 바글바
글 끓여서 준비하고,

3 재운 고기에 튀김가루 → **튀김반죽** →
튀김옷 순서로 옷을 입혀,

4 180℃로 예열한 식용유에 바삭하게
튀겨내고,

5 곱게 채 썬 양배추는 찬물에 담갔다가
물기 빼서 접시에 담고,

6 **샐러드소스** 만들어 양배추에 얹고, 준
비한 돈가스소스는 돈가스에 뿌려주
면 끝.

목살스테이크

목살스테이크 샐러드로 유명한 S쿡 재현요리에요.
구이나 찌개로 많이 사용되었던 돼지목살의 글로벌 버전이랄까요.^-^
그릴에 구운 고소한 목살과 다양한 샐러드가
한접시에 담겨 나오는 이곳은 '김가쿡' 입니다.

주재료 돼지고기(목살 600g), 샐러드채소(2줌), 방울토마토(6알), 파인애플링(1개), 달걀(2개), 모차렐라치즈(약간)

밑간양념 청주(1), 생강가루, 후춧가루(약간씩)

스테이크소스 레드와인(4), 시판 돈가스소스(4), 올리고당(2), 설탕(1/2), 간장(1), 다진 마늘(1/2), 월계수 잎(1장), 물(1/2컵)

샐러드드레싱 생크림(3), 마요네즈(3), 올리고당(1/2), 레몬즙, 소금, 후춧가루(약간씩)

recipe

1 돼지목살은 칼등으로 두드려 앞뒤 다른 방향으로 칼집을 내서 **밑간양념**에 재우고,

2 샐러드채소는 먹기 좋게 손으로 뜯어서 찬물에 담갔다가 물기를 빼고,

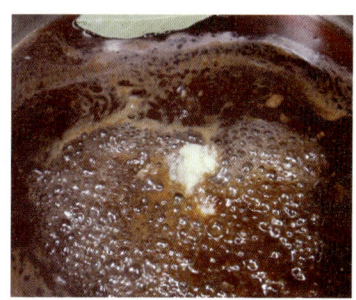

3 **스테이크소스** 재료를 넣고, 우르르 끓여 소스를 만들고,

처음에는 센 불에서 겉면을 익힌 후, 중·약 불에서 속까지 익혀주세요.

4 예열한 팬에 목살을 앞뒤로 노릇하게 구워.

5 준비한 소스에 구운 고기를 넣고 조리다가, 모차렐라치즈를 올려 팬 뚜껑 덮어 녹여주고,

6 **샐러드드레싱**을 만들어 샐러드채소에 얹고, 방울토마토와 파인애플링으로 장식하고, 달걀프라이를 만들어 얹어 내면 끝.

닭봉조림

닭봉은 닭날개 위에 있는 쫄깃하면서 부드러운 완소 부위예요.
오늘은 이 닭봉을 튀기지 않고 굽고, 조려 '집에서 굽네 닭봉'을 만들거예요.
소스는 취향에 따라 스위트칠리소스나 핫소스로 매운맛을 조절하시면 됩니다.

주재료 닭봉(20개), 다진 땅콩, 파슬리가루(약간씩), 식용유(적당량)

밑간양념 와인(1/4컵), 소금, 후춧가루, 생강가루(약간씩)

소스 칠리소스(2), 토마토케첩(1), 굴소스(1/2), 우스터소스(1), 설탕(1/2), 올리고당(1), 식용유(1)

recipe

1 닭봉은 깨끗이 씻어서 칼집을 내어 **밑간양념**을 해두고,

2 **소스** 재료를 모두 넣고 한번 바글바글 끓여서 준비하고,

오븐에 구워도
좋아요.

3 달군 팬에 식용유를 두르고 닭봉의 겉면을 노릇하게 익힌 후, 뚜껑을 닫아 약한 불로 속까지 익히고,

4 준비한 소스에 익힌 닭봉을 넣고, 다진 땅콩, 파슬리가루 뿌려주면 끝.

닭불고기

전 세계인 남녀노소 누구나 좋아하는 불고기양념은 달콤 짭짤한 맛이어서 어떤 육류에나 잘 어울려요.
그래서 친숙한 소불고기, 돼지불고기도 좋지만
약간 다른 느낌의 닭불고기도 아주 괜찮아요. 밥반찬으로도 good~ 이랍니다.

주재료 닭다리살(5조각), 새싹채소
(1팩), 식용유(적당량)

밑간양념 청주(1), 설탕(1), 후춧가루,
생강가루(약간씩)

양념장 간장(4), 설탕(2), 올리고당
(1), 맛술(2), 다진 마늘(1), 다진 파(2),
참기름(1), 깨소금(1)

고기별 재우는 시간은
닭고기 20분, 돼지고기
30분, 소고기는 1시간이
좋아요.

처음에는 센 불에서
굽다가 겉면이 익으면
중·약불에서 속까지
익혀주세요.

recipe

1 닭다리살에 **밑간양념**을 하고,

2 **양념장**을 만들어 20분 이상 재워서.

3 중불로 달군 팬에 식용유를 두르고 닭다리살을 구운 후,

4 구운 닭다리살을 먹기 좋게 잘라 새싹채소 올려주면 끝.

닭가슴살냉채

기름기가 없어 퍽퍽한 닭가슴살이지만
겨자소스로 양념하는 냉채에는 닭가슴살이 딱~ 이에요.
맛있게~ 날씬하게~ 이보다 좋을 순 없어요.^-^

주재료 닭가슴살(2조각), 양파(1/2개),
오이(1개), 게맛살(4개), 무순(1팩), 청
주(2)

밑간양념 소금, 후춧가루(약간씩)

겨자소스 연겨자(1), 식초(2), 레몬즙
(2), 설탕(2), 참기름(2), 다진 마늘(1/2),
소금(약간)

recipe

젓가락으로 찔러 보았을 때
핏물이 안 보일 때까지 삶아요.

1 제일 먼저 **겨자소스**를 만들
어 냉장고에 차게 두고,

2 **밑간양념**을 한 닭가슴살은
끓는 물에 청주(2) 넣고 삶
아서 찢어주고,

3 양파는 채 썰어 찬물에 담
갔다 물기 빼고,

4 오이도 채 썰고, 게맛살은
가늘게 찢어, 준비한 재료
모두 돌려 담고 겨자소스 뿌
려주면 끝.

닭간장볶음

닭볶음탕의 키즈버전이에요. 매운 양념과는 또 다른 매력으로 간장양념과
어우러진 닭고기가 담백하고 참 맛있어요. 압력솥에 살짝쿵 삶아 간장소스에 볶아주면
아이들에게 건강하고 맛있는 닭고기를 먹일 수 있어 참 뿌듯하죠.^-^

주재료 닭(1마리), 청경채(3개), 대파
(1대), 양파(1/2개), 감자(2개), 당근(1/
2개)

삶는 재료 청주(2), 통후추(1/2)

밑간양념 청주(1), 간장(1), 참기름(1),
후춧가루(약간)

간장소스 된장(1), 간장(4), 맛술(2),
올리고당(2), 설탕(1), 다진 마늘(2),
깨소금(2), 생강가루(약간), 닭육수
(1/2컵)

손질할 때 껍질과 기름은
가급적이면 제거하고, 칼집을
넣어주면 간이 잘 배요.

recipe

1 닭은 기름기를 떼고 **삶는 재
료**와 물 잘박하게 붓고 압력
솥에 20분간 삶아서 **밑간양
념**에 버무려두고,

2 감자와 당근은 둥글게 모서
리를 깎아서 삶아서 준비하
고, 양파는 채 썰고, 대파는
어슷 썰어,

3 달군 팬에 닭고기, 양파, 감
자, 당근과 **간장소스**를 넣고
볶다가,

4 대파와 청경채를 넣어 살짝
볶아주면 끝.

닭볶음탕

매콤한 닭볶음탕에 아삭한 숙주를 듬뿍 올려 먹는 요리예요.
남편과 연애할 때 홍대에서 자주 먹던 스타일이지요.
지금은 홍대문화와 백 만년은 멀어졌지만
그래도 닭볶음탕만은 홍대스타일~

주재료 닭(볶음탕용 1kg), 숙주(1봉지), 감자(대 2개), 양파(1개), 대파(1대), 홍고추(1개), 풋고추(2개)

양념장 고춧가루(5), 고추장(3), 다진 마늘(1), 간장(3), 설탕(1), 올리고당(1), 참기름(1), 맛술(2), 후춧가루, 생강가루, 소금(약간씩)

recipe

껍질을 벗기고 데쳐내면 120칼로리가 줄어요.

1 닭고기의 기름은 철저하게 떼어내고, 껍질도 가급적이면 벗겨 끓는 물에 살짝 데쳐내고,

2 데쳐서 물기 뺀 닭고기를 **양념장**에 버무려 재워두고,

3 양파는 먹기 좋게 썰고, 고추와 대파는 어슷 썰고, 감자는 1/4 등분해서 모서리를 깎아주고,

4 숙주는 깨끗이 씻어 끓는 물에 살짝 데쳐 찬물에 담갔다 물기를 빼주고,

5 압력솥에 양념한 닭고기, 감자, 양파를 넣고 20분 삶아,

6 뚜껑을 열고 고추, 대파 넣어 한소끔 끓여, 준비한 숙주 올려내면 끝.

닭곰탕

오랜 시간 푹 고아 만든 국물을 곰탕이라 하지요. 소에 비해 닭은 곰탕으로 쉽고 빠르게 만들 수 있어요.
전 좀 더 깔끔한 국물을 위해 껍질은 완전히 벗기고 고았어요. 엑기스만 쪽 뽑은 깔끔한 국물에
얼큰한 다대기를 만들어 함께 내면 어른 아이 할 거 없이 남녀노소 모두 닭곰탕 맛에 푹 빠진답니다.

주재료 닭(1마리), 쪽파(3대), 소금
(적당량)

삶는 재료 무(3cm 1토막), 대파(1대),
마늘(5개), 통후추(1/2), 청주(2)

고기양념 참기름(1), 소금, 후춧가루,
검은깨(약간씩)

다대기 양념장 고춧가루(5), 간장(1),
다진 마늘(1), 다진 파(2), 닭육수(1),
맛술(1)

recipe

> 날개 끝과 꽁지를 자른
> 후, 껍질은 완전히 벗기고
> 누런 지방도 깨끗이 뜯어
> 내세요.

1 압력솥에 껍질을 벗기고, 손
질한 닭과 **삶는 재료**를 넣어
20분 정도 삶고,

2 고기를 식혔다가 잘게 찢어
고기양념에 버무리고, 쪽파
는 송송 썰어 준비하고,

3 **다대기 양념장**도 만들어 놓
고,

4 닭육수를 면보에 걸러 소금
간하고, 준비한 닭고기와 쪽파
를 올리고, 다대기와 내면 끝.

닭개장

닭개장에 김치와 밥만 있으면 다른 반찬은 필요 없이 단숨에 호로록~ 말아 한 그릇씩 뚝딱이지요.
그래서 한 솥 가득 끓여 놓으면 뿌듯함과 함께
어디 훌쩍 떠나고 싶거나 한 번쯤 꿈꿔왔던 일탈을 꿈꾸는 여유가 ㅎㅎ
하지만 달콤한 상상일 뿐^-^ 혼자 갈 곳이 없다는 게 함정!!

주재료 닭(1마리), 고사리(1줌=50g), 숙주(2줌), 토란대(1줌), 소금(적당량)

삶는 재료 양파(1개), 대파(1대), 마늘(5개), 생강(1톨), 통후추(1/2), 청주(2)

양념장 고춧가루(3), 국간장(3), 다진 마늘(1), 맛술(2), 참치액(1), 후춧가루, 생강가루(약간씩)

recipe

1 닭은 **삶는 재료**와 물 넉넉하게 붓고 30분 정도 삶고,

2 삶은 닭을 건진 후 식혀서 살을 발라내고, 닭육수는 체에 걸러 따로 두고,

참치액이 없으면 멸치액젓을 넣으셔도 돼요.

3 고사리와 토란대는 4cm 길이로 썰어 닭살과 함께 **양념장**에 버무리고,

4 걸러 둔 닭육수를 끓여서 버무려둔 고사리, 토란대, 닭살을 넣고 끓이다가, 숙주와 대파 넣고 소금으로 간하면 끝.

누룽지닭백숙

닭육수에 누룽지를 넣으면 구수하게 입에 착착 붙어 씹히는 맛이 좋아져요.
닭곰탕, 해신탕, 닭백숙 셋 다 비슷한 듯 다른 맛이지요.
우리 딸은 닭곰탕, 남편은 해신탕, 전 닭백숙을 좋아해요. 비슷한 듯 다른 사람들… ^-^

주재료 닭(1마리), 누룽지(2장), 대파(1/2대), 소주, 소금(적당량)

속재료 단호박(1/4개), 마늘(5개), 대추(3개)

삶는 재료 각종약재(1팩), 양파(1개), 대추(4개), 마늘(10개), 굵은 소금(약간)

recipe

1 약재들은 다시 팩에 담아 준비하고, 단호박은 먹기 좋게 썰고, 다른 **속재료**도 준비하고,

껍질 부분에 구멍을 내서 다리를 X자로 꼬아주세요.

2 꽁지와 날개 끝은 자르고, 뱃속에 소주를 약간 넣고 흔들어 씻어내고 속재료 넣고, 다리를 꼬아 고정시키고,

3 압력솥에 닭과 **삶는 재료**를 넣고 20분 이상 삶아.

4 닭은 건져두고, 닭육수는 체에 걸러 누룽지와 송송 썬 대파를 넣고 끓여서 소금간하고 건져둔 닭에 부어주면 끝.

닭칼국수

구멍가게에서 시작한 닭칼국수집이 어마어마하게 큰 대형 식당으로 변한 일산의 닭칼국수집 맛을 재현했습니다.
저 역시 지금은 가내수공업(?)으로 혼자 북치고 장구치며 쓰는 요리책이지만
요리전문 스튜디오가 딸린 그곳을 꿈꾸며….

주재료 닭(1/2마리), 칼국수면(2인분), 쪽파(3대), 멸치액젓(1), 소금(약간)

삶는 재료 양파(1/2개), 마늘(5개), 생강(1/2톨), 청주(2), 통후추(1/3)

닭살양념 다진 마늘(1/3), 소금, 후춧가루(약간씩)

recipe

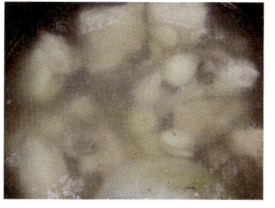

1 손질한 닭과 **삶는 재료**를 넣고, 물을 넉넉히 부어 압력솥에 30분 정도 푹 고아,

2 체에 밭쳐 육수는 따로 걸러 두고,

칼국수는 탈탈 털어서 넣고, 젓가락으로 풀어 가며 삶아주세요.

3 닭고기는 식혀서 살을 발라내어 조물조물 **닭살양념**을 하고,

4 육수를 끓여 멸치액젓(1)과 소금으로 간을 하고, 칼국수면 삶아서 양념한 닭살과 송송 썬 쪽파를 올려주면 끝.

해신탕

삼계탕에 해산물을 넣으면 용왕님이 드신다는 해신탕이 된답니다.
그냥 삼계탕도 좋지만 해산물이 들어간 해신탕은 국물이 정말 끝내줘요.
여름에는 복날에, 겨울에는 뜨끈한 국물이 생각날 때,
봄·가을에는 몸보신을 위해 사계절 내내 먹어야 하는 보양식이랍니다.

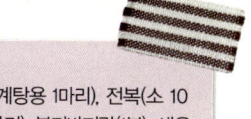

주재료 닭(삼계탕용 1마리), 전복(소 10마리), 낙지(2마리), 봉지바지락(1봉), 새우(중하 10마리), 팽이버섯(1봉지), 미나리(1줌), 대파(1대), 소금, 후춧가루(약간씩)

속재료 찹쌀(1컵), 대추(3개), 밤(3개), 마늘(5개), 굵은 소금(약간)

삶는 재료 양파(1개), 대파(1대), 마늘(5개), 대추(3개)

recipe

뱃속에 소주를 살짝 부어 흔들어주면 소독이 된답니다.

1 닭 꽁지는 잘라버리고, 속은 깨끗이 긁어 씻어내고, 찹쌀은 불려서 준비하고,

2 뱃속에 **속재료**를 넣고, 껍질 쪽에 구멍을 내서 닭다리를 엇갈리게 꼬아주고,

3 압력솥에 **삶는 재료**와 닭을 넣고, 물 넉넉히 부어 20분간 삶고,

새우는 등 쪽에 있는 내장을 빼고, 낙지는 밀가루에 문질러 씻고, 전복은 솔로 씻은 후 소금물에 헹궈주세요.

4 새우, 낙지, 전복은 손질해서 깨끗이 씻어 준비하고,

5 미나리는 3cm 길이로 썰고, 팽이버섯도 밑동을 잘라 준비하고,

소금, 후춧가루, 송송 썬 대파를 곁들이세요.

6 압력솥 뚜껑을 열어 준비한 해산물을 넣고 끓이다가 팽이버섯과 미나리, 송송 썬 대파 먹기 직전에 넣고 살짝 끓여주면 끝.

치킨데리야키덮밥

우리 딸이 엄지손가락을 들어 보이며 극찬해주는 요리 중에 하나예요.
그 애아부지(?)도 무슨 고기가 이렇게 부드럽냐면서
폭풍흡입해주시는 바로 그 메뉴~
아이스크림도 아닌데 우리집 부녀를 사르르 녹이는
치킨덮밥을 소개합니다.

주재료 닭안심(3쪽), 밥(2공기), 애느타리 버섯(1줌), 쪽파(3대), 녹말가루(2), 식용유 (적당량), 생강(1톨), 양파(1/3개)

밑간양념 청주(2), 생강가루, 후춧가루(약 간씩)

데리야키소스 간장(3), 청주(3) 맛술(3), 물 (3), 올리고당(1), 설탕(1), 생강(1톨)

recipe

1 닭고기는 먹기 좋은 크기로 썰어 **밑간 양념**을 해두고,

2 쪽파는 송송 썰고, 생강은 편으로, 양 파는 채 썰어 준비하고,

3 닭고기에 녹말가루(2)를 얇게 입혀서,

4 달군 팬에 식용유 두르고 닭고기 노릇 하게 구워,

5 **데리야키소스** 재료 넣고 끓인 후, 구운 닭고기 넣어 조리다가,

6 양파와 버섯 넣고 볶아서 밥 위에 얹어 내면 끝.

순살닭강정

요즘 최고의 간식거리로 사랑받고 있는 닭강정~
매콤달콤 맛있게 만들어 맛과 영양까지 챙겨볼까요?
뭐니뭐니해도 엄마표가 진리고 갑이죠.^-^

주재료 닭(안심 200g), 가래떡(200g),
땅콩가루, 파슬리가루(약간씩), 식용유
(적당량)

밑간양념 맛술(1), 소금, 후춧가루,
생강가루(약간씩)

튀김옷 녹말가루(1/2컵), 달걀(1개),
얼음물(1컵)

강정소스 고추장(3), 간장(5), 올리고
당(4), 설탕(4), 꿀(1), 청주(5), 생강(1톨),
마늘(15개), 건고추(3개), 통후추(1/2)

recipe

1 닭고기는 한입 크기로 썰어
밑간양념에 재우고,

2 가래떡은 **튀김옷**을 입혀
180℃ 예열한 식용유에 튀
겨주고,

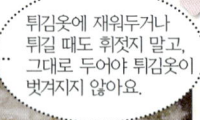

튀김옷에 재워두거나
튀길 때도 휘젓지 말고,
그대로 두어야 튀김옷이
벗겨지지 않아요.

3 닭고기도 **튀김옷**에 버무려
서 30분 정도 재웠다가 튀
겨주고,

4 **강정소스**를 바글바글 끓여
튀긴 떡과 닭고기를 넣고 버
무린 후, 땅콩가루와 파슬리
가루 뿌려주면 끝.

간장치킨

오리지널 간장치킨으로 유명한 K사 치킨의 재현요리예요.
레시피 그대로 따라해 보시면 아마 깜짝 놀라실 겁니다.
완전 똑같거든요.ㅎㅎ

주재료 닭날개(20개), 녹말가루(4컵),
식용유(적당량)

밑간양념 청주(3), 소금, 후춧가루(약
간씩)

간장소스 간장(3), 굴소스(1), 설탕(4),
올리고당(1), 식초(2), 맛술(2), 다진 마
늘(1)

녹말가루에 버무려
여분의 가루를
털어주세요.

recipe

1 닭날개에 **밑간양념**을 해서
20분간 재웠다가, 녹말가루
를 묻히고,

2 **간장소스** 재료 넣고 바글바
글 끓여 준비하고,

3 180℃ 예열한 식용유에 닭
날개를 바삭하게 두 번 튀긴
후,

4 준비한 **간장소스**에 버무려
주면 끝.

닭갈비

한 때 닭갈비집이 동네마다 그득그득 성황을 이뤘었지요. 하지만 요즘은 찾기 어려워졌어요.
음식에도 유행이 있긴 하지만 제 생각에는
집에서 만든 닭갈비가 전문식당 못지않게 맛있다는 것도 한몫했다고 봅니다.
이젠 닭갈비를 먹기 위해 춘천행 기차를 타는 대신 마트로 달려가는 것도 좋겠어요.

주재료 닭다리살(6쪽), 떡볶이 떡
(1줌), 양배추(1줌), 깻잎(20장), 대파
(1대), 고구마(1개), 양파(1/2개)

밑간양념 청주(1), 후춧가루, 생강가루
(약간씩)

양념장 고춧가루(2), 고추장(2), 간장
(2), 다진 마늘(1), 카레가루(1/2), 맛술(1),
설탕(1과1/2), 올리고당(2), 소금(약간)

recipe

1 닭다리살은 먹기 좋은 크기
로 잘라 **밑간양념**을 해두고,

2 양배추와 양파는 굵게 채 썰
고, 대파는 어슷 썰고, 깻잎
은 3등분, 고구마도 길쭉하
게 썰어 준비한 후,

3 **양념장** 만들어 반은 닭고기
와 고구마에 버무려서, 달군
팬에 식용유 두르고 볶다가,

4 닭고기가 익으면 떡볶이 떡,
양배추, 양파, 반 남긴 양념
장 넣고 볶다가, 깻잎과 대
파 넣고 버무리듯 볶아주면
끝.

치즈불닭

말 그대로 불닭은 불같이 매운맛이 매력이지만 치즈가 살짝 중화해주니
아이들도 참 좋아해요. 물론 술안주로 최고랍니다.^-^
참고로 닭고기를 우유에 숙성시키면 잡냄새도 제거되고, 육질이 더욱 부드러워집니다.

주재료 닭다리살(600g), 청양고추
(1개), 양파(1/2개), 마늘(1), 우유(1컵),
모차렐라치즈(1컵), 식용유(적당량),
파슬리가루(약간)

양념장 고추장(2), 고춧가루(3), 간장
(3), 설탕(1), 올리고당(1), 청주(2), 다진
마늘(1), 다진 파(2), 다진 청양고추(2),
참기름(1), 후춧가루(약간)

recipe

1 먹기 좋게 썬 닭다리살을 우
유(1컵)에 담가서 냉장고에서
숙성시키고,

2 양파는 먹기 좋은 크기로 썰
고, 마늘은 편으로 썰고, **양
념장**도 만들어 준비하고,

3 식용유 두르고 다진 마늘(1)
을 볶아 향을 낸 후 닭고기,
양파, 양념장 넣고 볶아서,

4 모차렐라치즈 얹어 전자레
인지나 오븐에서 치즈를 녹
여 파슬리가루 뿌려주면 끝.

닭가슴살월남쌈

닭가슴살월남쌈은 신경 좀 쓴 핸드메이드 느낌 물씬 나는 종목이라
손님 접대용으로도 좋고, 다이어트나 운동할 때 꼭 필요한
단백질과 식이섬유를 맛있게 먹을 수 있게 해주는 고마운 메뉴예요.
라이스페이퍼를 선물 포장하듯 말아서 사선으로 잘라주면
멋스럽고 먹기도 좋아요.

주재료 닭가슴살(1쪽), 라이스페이퍼(12장),
오이(1/2개), 노랑·빨강 파프리카(1/2개씩),
무순(1줌), 양파(1/2개)

밑간양념 다진 마늘(2), 소금, 후춧가루(약
간씩)

월남쌈소스 스위트칠리소스(2), 피시소스
또는 까나리액젓(1), 레몬즙(1)

recipe

1 오이는 돌려 깎아 채로 썰고, 파프리카
도 채 썰어 준비하고,

2 양파는 채 썰어 물에 담갔다 물기를
빼고, 무순도 깨끗이 씻어주고,

3 닭가슴살에 **밑간양념**해서 20분간 재
웠다가, 끓는 물에 삶아주고,

4 닭가슴살이 식으면 결대로 찢고,

5 살짝 뜨거운(70~80℃) 물에 라이스페
이퍼를 담갔다 뺀 후 준비한 닭가슴살
과 야채들 가운데 놓고,

6 돌돌 말아 먹기 좋게 자르고, **월남쌈소
스**를 만들어 함께 내면 끝.

치킨샐러드

만인이 애정하는 샐러드 중에 탑인 치킨샐러드예요.
우유에 재워 냉장고에서 2시간 정도 숙성시킨 닭안심살에
바삭한 식감을 더해줄 콘플레이크 옷을 입혔어요.
가족들 엄지손가락들이 그냥 올라갑니다.^-^

주재료 닭고기(안심 300g), 우유(1컵), 양상추(1줌), 어린잎채소(1줌), 방울토마토(5알)

밑간양념 청주(1), 허브솔트, 핫소스, 후춧가루(약간씩)

튀김반죽 튀김가루(1컵), 물(1컵), 달걀흰자(1개 분량)

튀김옷 빵가루(1컵), 무가당 콘플레이크(1컵)

허니머스터드소스 마요네즈(5), 머스터드(1과1/2), 레몬즙(1/2), 꿀(1), 우유(1)

recipe

1 닭고기의 하얀 힘줄은 제거하고, 길쭉하게 썰어 우유(1컵)에 담가서 냉장고에서 숙성시키고,

2 숙성시킨 닭고기에 물기 빼고 **밑간양념**을 해주고,

3 양상추는 먹기 좋게 뜯고, 어린잎채소와 방울토마토는 깨끗이 씻어 준비하고,

4 **튀김반죽** 만들고, 콘플레이크와 빵가루를 비닐봉지에 넣고 부숴서 **튀김옷**도 만들고,

5 튀김가루 → 튀김반죽 → 튀김옷 순으로 입혀서,

6 180℃로 예열된 식용유에 노릇하게 튀겨 준비한 샐러드와 **허니머스터드소스** 함께 내면 끝.

소고기장조림

단언컨대 최고의 스테디셀러 밑반찬은 소고기장조림입니다!
숙달된 조교의 레시피 대로 깊은 맛 제대로 나고,
기름기 없이 깔끔한 맛의 소고기장조림을 만들어 보세요.^-^

주재료 소고기(장조림용 500g), 삶은 달걀(3개), 꽈리고추(20개)

삶는 재료 마늘(6개), 대파(1대), 건고추(2개), 양파(1/2개), 생강(1톨)

조림장 간장(1/2컵), 설탕(3), 청주(2), 고기 삶은 물(3컵)

recipe

여러 번 물을 갈아주면서 1시간 정도 담가주세요.

뚜껑을 덮어 주어야 고기가 부드러워져요.

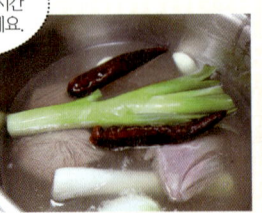

1 적당한 크기로 썬 소고기는 찬물에 담가 핏물을 빼고,

2 소고기와 **삶는 재료** 넣고, 물을 잘박하게 부어 30분 정도 끓인 후, 삶은 물은 면보에 걸러 따로 두고,

3 **조림장**과 걸러 둔 국물(3컵)을 넣고, 뚜껑 덮어 끓이고,

4 꽈리고추와 삶은 달걀 넣고 10분 이상 더 조린 다음 소고기는 가늘게 찢어주면 끝.

장똑똑이

평일에 밑반찬으로 먹으려고 주말에 마음먹고 만들어 놨는데 다음 날 아침에 보면
바닥을 보이는 믿지 못할 현실~ 육포맛이 난다더니… 너에게 밤새 무슨 일이 있었던 거니? ㅋㅋ
아이들을 위해서 청양고추는 함께 넣어 볶지 말고, 마지막에 송송 썰어서 그냥 올려주세요.
청양고추와 소고기를 함께 먹었을 때 느낄 수 있는 칼칼한 맛을 아이들 때문에 포기할 순 없잖아요.^-^

주재료 소고기(우둔살 350g), 청양
고추(1개), 참기름(2), 통깨(적당량)

조림장 간장(6), 설탕(2), 올리고당(2),
청주(1), 다진 마늘(1), 물(1/2컵), 생강
가루, 후춧가루(약간씩)

recipe

1 소고기는 찬물에 담가 핏물
을 빼고, 길쭉길쭉 먹기 좋
은 크기로 썰어,

2 달군 팬에 참기름(1)을 두르
고 소고기를 볶다가,

3 겉면이 하얗게 익으면 **조림
장**을 만들어 붓고 자작하게
조려서,

4 참기름(1)을 넣어 윤기주고,
통깨 뿌리고, 청양고추도 송
송 썰어 올려주면 끝.

소불고기

부드럽고 맛깔스런 불고기는 최고의 반찬이죠. 하지만 질기거나 뻣뻣하면 오히려 젓가락이 잘 가지 않아요.
얇은 불고기용 고기를 칼등으로 두드려 부드럽게 해서,
불고기양념장에 숙성시키면
사르르 녹을 듯 부드럽고 촉촉한 식감이 만들어진답니다.

주재료 소고기(불고기용 600g), 양파(1/2개), 대파(1/2대), 당근(1/4개), 팽이버섯(1봉지), 식용유(적당량), 쑥갓(1/2줌)

밑간양념 배즙(7), 양파즙(5), 청주(2), 매실청(1)

불고기양념 간장(6), 설탕(2), 다진 마늘(1), 다진 파(2), 참기름(2), 깨소금(1) 후춧가루(약간)
또는 12페이지 만능간장

recipe

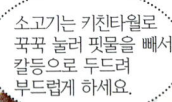

소고기는 키친타월로 꾹꾹 눌러 핏물을 빼서, 칼등으로 두드려 부드럽게 하세요.

1 양파와 당근은 채 썰고, 대파는 어슷 썰고, 쑥갓과 팽이버섯도 준비하고,

2 1차로 **밑간양념**에 30분 정도 재웠다가, **불고기양념**해서 냉장고에서 숙성시키고,

3 달군 팬에 식용유 두르고, 소고기와 양파 넣어 볶다가,

4 당근, 대파, 쑥갓, 팽이버섯을 얹어 버무리듯 볶아주면 끝.

떡갈비

떡처럼 만들어서 떡갈비라고 알려줘도 자꾸만 떡을 찾는 우리 딸 때문에
저는 진짜 떡을 품은 떡갈비를 만들어요.
아이와 함께 만들어도 재미있고, 그래서인지 더 맛있는 진짜 떡이든 떡갈비예요.^-^

주재료 소고기(불고기용 200g, 갈빗살 200g), 굵은 가래떡(1줄), 녹말가루(1), 잣가루(2), 식용유(적당량)

고기양념 간장(3), 설탕(1/2), 배즙(1), 다진 마늘(1/2), 다진 파(1), 깨소금(1/2), 후춧가루(약간)

기름장 참기름(1), 간장(1), 올리고당(1/2)

recipe

손에 식용유를 발라 빚어주면 달라붙지 않아요.

빚어 놓은 떡갈비는 유산지를 깔고 냉동실에 넣어두면 탄력이 생겨서 예쁜 모양이 나와요.

1 소고기는 곱게 다져 **고기양념**을 넣고, 여러 번 치대서 준비하고,

2 가래떡은 7cm 길이로 썰어 반 가른 후, 녹말가루(1) 바르고 소고기를 넓게 펴서 말아주고,

3 달군 팬에 식용유 두르고 떡갈비를 익혀서,

4 **기름장** 살짝 끓여 떡갈비에 바르고 잣가루(2) 뿌려주면 끝.

소갈비찜

우리가 흔히 알고 있는 간장으로 맛을 내는 갈비찜에
고추장 한 숟가락만 넣으면 매콤한 소갈비찜이 쉽게 만들어지죠.
하지만 고춧가루를 넣고 푹 고아 만든 소갈비찜의
깊은 맛과는 비교가 되지 않아요.
음식은 손맛이고 정성이라는 말, 이해가 되는 대목이에요.

주재료 소갈비(600g), 감자(중 2개), 당근
(1/2개), 홍·청피망(1/2개씩), 양파(1/2개),
건표고버섯(4개), 참기름(1), 꿀(1), 대파(1대)

삶는 재료 고춧가루(2), 건고추(2개)

양념장 간장(4), 올리고당(1), 설탕(1), 다진
마늘(1), 다진 파(2), 청주(2), 소금, 후춧가루
(약간씩)

recipe

1 소갈비에 칼집을 넣어 찬물에 1시간
이상 담가 핏물을 빼고,

2 끓는 물에 소갈비 넣고 우르르 한번
끓여 기름기 뺀 후,

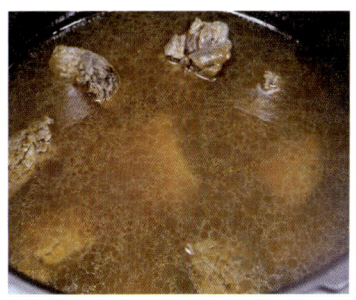

3 소갈비와 **삶는 재료** 넣고 잘박하게 물
을 넣은 후, 압력솥에서 30분 정도 푹
삶고,

> 감자와 당근은
> 미리 익혀서 넣어주면
> 요리시간이 단축돼요.

4 감자, 당근은 먹기 좋게 잘라 모서리
를 정리하고, 양파, 피망, 버섯도 비슷
한 크기로 썰고, 대파도 송송 썰어 준
비하고,

5 압력솥뚜껑 열고 감자, 당근 넣고 **양
념장** 풀어 국물이 어느 정도 졸아들
때까지 끓여서,

6 양파, 피망을 넣고 볶다가 불끄고, 꿀
(1), 참기름(1), 대파 넣어 버무리듯 볶
아주면 끝.

육전

광주출신 야구선수가 광주의 맛집을 소개하면서 널리 알려진 육전이에요.
고기가 신선하고, 전으로 만들었을 때 맛있는 부위를 잘 선택한다면
굳이 광주까지 가지 않아도 맛있는 육전을 맛보실 수 있어요.^-^

주재료 소고기(홍두깨살 300g), 밀가루(3), 녹말가루(3), 참기름(1), 식용유(적당량)

밑간양념 청주(3), 소금, 후춧가루(적당량)

초간장 간장(2), 식초(1), 맛술(1/2), 배즙(1)

recipe

고기 가운데가 부풀어 오르면 속까지 잘 익은 거랍니다.

1 소고기는 키친타월로 눌러 핏물 빼고, 칼끝으로 콕콕 칼집을 주어 부드럽게 하고,

2 **밑간양념**해서 30분 재워 두었다가, 솔로 참기름을 고르게 발라서,

3 밀가루와 녹말가루 섞어 앞뒤로 묻혀서, 달걀물 만들어 입히고,

4 중불로 달군 팬에 식용유 둘러서 살짝 구워내어 **초간장**과 함께 내면 끝.

바싹불고기

불고기를 바싹하게 굽는다는 참 솔직한 이름의 바싹불고기예요.
부드럽고 물기가 촉촉한 그냥 불고기와 달리
쫄깃하고 고소한 불냄새까지 나니 최고의 감탄사가 나오는 밥반찬이죠.

주재료 소고기(불고기용 600g), 식
용유(적당량)

양념장 간장(6), 청주(2), 설탕(2), 배즙
(3), 다진 마늘(1), 다진 파(2), 참기름(1),
생강가루, 후춧가루(약간씩)

recipe

1 소고기는 키친타월로 눌러 핏물을 제거하고,

2 먹기 좋게 썰어서 **양념장**에 버무려 30분 정도 재웠다 가,

3 달군 팬에 식용유 두르고, 고루 익혀서,

4 약 불에서 물기 없을 때까지 펼쳐가며 바싹 구워주면 끝.

뚝배기불고기

'뚝불'은 버섯불고기의 국물 버전이죠.
불고기용 소고기를 넉넉히 사온 날 불고기양념장 만들어 조물조물 양념해서 한 덩이 남겨뒀다가,
뚝배기에 육수를 끓여서 불고기와 버섯들 넣어주면 이것이 뚝불!
쌈밥처럼 먹는 버섯불고기와는 완전 다른 느낌이라 전날 불고기를 먹었어도 맛있어요.

주재료 소고기(불고기용 400g), 대파(1대), 새송이버섯(1개), 느타리버섯(1줌), 팽이버섯(1/2봉지), 불린당면(1줌)

양념장 간장(3), 다진 마늘(1/2), 청주(1), 설탕(1), 배즙(2), 참기름(1), 후춧가루(약간)

국물재료 물(5컵), 배춧잎(1장), 양파(1/4개), 간장(2), 맛술(2), 소금(약간)

recipe

1 소고기는 **양념장**에 재워두고,

2 대파는 어슷 썰고, 버섯들도 먹기 좋게 썰어 준비하고,

3 **국물재료** 넣고 끓여서 육수를 만들고,

4 준비한 육수에 고기와 불린 당면을 넣고 끓이다가 버섯, 대파 넣고, 한소끔 끓여주면 끝.

불낙새전골

불고기, 낙지, 새우는 각자 매력이 넘치는 식재료들인데도
조화롭게 맛있는 전골을 만들어내요.
마치 매력 만점의 아이돌들이
그룹안에서 조화를 이뤄 작품을 만들어 내는 것처럼요.^-^

주재료 소고기(불고기용 200g), 낙지
(2마리), 새우(5마리), 표고버섯(4개),
느타리버섯(1줌), 양파(1/2개), 쑥갓(5
줄기), 대파(1/2대), 소금(약간), 멸치다
시마국물(5컵)

불고기양념 다진 마늘(1/2), 간장(2),
설탕(1/2), 후춧가루(약간), 참기름(1/2)

낙지양념 다진 마늘(1/2), 고추장(3),
고춧가루(1), 청주(1), 간장(1/2), 설탕
(1/2), 생강가루(약간)

recipe

1 소고기는 먹기 좋게 잘라 **불
고기양념**에 재우고,

2 깨끗이 손질한 낙지도 먹기
좋게 썰어 **낙지양념**에 무쳐
주고,

3 새우는 등쪽 내장을 제거하
고, 옅은 소금물에 흔들어
씻어서,

4 채 썬 표고버섯, 양파, 느타
리버섯, 소고기, 낙지, 새우
담고 멸치다시마국물(5컵)을
부어 끓이다가 소금간하고,
쑥갓과 대파 넣어주면 끝.

사골떡국

찬바람이 불기 시작하면, 떡국을 어떻게 하면 맛있게 끓일 수 있는지 많이들 물어보세요.
전 맛내기 쉬운 사골국물을 추천하죠.
떡국을 몹시 애정 하는 우리 집은 일 년 내 내 떡국이 등장하는데 겨울에는 당연히 최고지만,
여름에도 이열치열 맛좋고 사계절 몸보신에도 그만이거든요.^-^

주재료 소고기(다짐육 50g), 사골국물(7컵), 떡국 떡(350g), 달걀(1개), 김(1장), 대파(1/2대)

고기양념 간장(1/2), 다진 마늘(1/4), 다진 파(1/2), 깨소금(1/3), 참기름, 후춧가루(약간씩)

국물양념 국간장(2), 소금, 후춧가루(약간씩)

recipe

고기를 국자나 체에 담아 끓는 국물에서 샤브샤브처럼 익혀주세요.

1 다진 소고기는 키친타월로 핏물을 빼고, **고기양념**을 해서 동그랗게 뭉쳐두고,

2 떡은 찬물에 헹궈 건져두고, 대파는 어슷 썰고, 김은 구워서 김가루로 만들고,

3 달걀은 흰자와 노른자를 분리해서 부친 후, 마름모로 썰고,

4 끓는 사골국물에 **국물양념** 하고, 떡과 대파 넣고, 뭉쳐둔 고기도 넣어 익히고, 달걀, 김가루는 꾸미로 얹어주면 끝.

소고기국밥

결혼하고 처음 남편이 제게 주문했던 음식은 어머니가 끓여주시던 소고기국밥이에요.
아무리해도 그 맛을 낼 수 없어 여쭤보니, 비결은 바로 단맛이 나고 시원한 가을무였어요.
하지만 때는 여름~ 고심 끝에 시원한 국물 맛을 보장하는 콩나물을 넣고, 굵은 소금으로 간을 하고, 멸치액젓으로
감칠맛을 주어 해결했지요. 이제 사계절 가을무맛이 나는 시원하고 맛있는 소고기국밥을 끓일 수 있어요.

주재료 소고기(양지머리 400g), 무
(3cm 1토막), 대파(2대), 콩나물(2줌),
홍고추, 청양고추(1개씩), 물(12컵)

양념장 고춧가루(4), 다진 마늘(1),
생강가루(1/3), 멸치액젓(2), 굵은 소
금(적당량)

recipe

1 찬물에 담가 핏물을 뺀 소고
기는 나박 썬 무와 물(12컵)
부어 푹 끓이고,

2 대파는 큼직하게 반 갈라 썰
고, 고추는 어슷썰어 넣고,

3 팔팔 끓는 국물에 **양념장**을
만들어 풀어주고,

4 콩나물을 넣고, 한소끔 더
끓여주면 끝.

소고기무국

미역국 끓이기 전에 마른 미역을 찬물에 담가 불리듯이,
맑은 국을 끓이기 전날 밤에는
다시마를 찬물에 담가 다시마물을 만들어 두세요.
조미료 없이 만드는 맑은 국을 좀 더 감칠맛 나게 끓일 수 있는
저만의 비법이랍니다.

주재료 소고기(양지머리 300g), 무(3cm 1토막), 대파(1/2대), 국간장, 소금(적당량)

다시마물 다시마(사방 5cm 4장), 물(8컵)

고기양념 간장(1), 다진 마늘(1), 참기름(1), 청주(1), 후춧가루(약간)

recipe

1 찬물에 다시마 넣고 미리 불려서 **다시마물**을 만들고,

2 소고기에 **고기양념**을 넣고, 조물조물 무쳐 재워두고,

3 무는 나박 썰고, 대파는 어슷 썰어 준비하고,

> 다시마물은 한꺼번에 다 붓지 말고, 잘박할 정도만 부어 재료의 맛이 충분히 우러나게 끓여주세요.

4 재워둔 고기 볶다가 반쯤 익으면 무도 넣고 볶아주고,

5 다시마물을 잘박하게 붓고, 끓어오르면 다시마는 건져내고,

6 남은 다시마물 붓고, 끓으면 대파 넣고, 국간장과 소금으로 간하면 끝.

• 마음속 허기까지 달래주는 **감성집밥**

소고기김밥

요즘은 천원 김밥이 유행했을 때와는 확연히 다른 프리미엄 김밥이 대세!!
돈가스김밥, 제육쌈김밥, 슈퍼야채김밥 등
속이 꽉 찬 통통한 빅사이즈 김밥을 어떻게 만들까 고심하다
김에 밥을 얹고, 그 위에 반 자른 김을 한 장 얹고,
준비한 재료를 줄 세우고, 또 다른 반 자른 김에
소고기와 우엉을 넣고 돌돌 말아 올려서
김발 없이 전체를 조심스레 말았더니 옆구리 터짐 없이
빅사이즈 김밥이 만들어지네요.^-^

주재료 소고기(다짐육 200g), 밥(4공기), 김(4장+반 자른 김 8장), 단무지(4줄), 오이(1개), 당근(1개), 달걀(4개), 게맛살(2줄), 채 썬 우엉(100g=1줌), 식용유, 참기름, 통깨 (적당량)

소고기양념 간장(2), 설탕(1), 다진 마늘(1/2), 맛술(1/2), 참기름(1/2), 후춧가루(약간)

우엉양념 간장(2), 청주(1/2), 설탕(1/2), 물엿(1/2), 통깨(약간)

단촛물 설탕(2), 식초(2), 소금(1)

recipe

볶고 나서 다시 다져주어야 식어도 딱딱하지 않고 부드러워요.

금방 먹는 김밥이라면 오이를 소금에 절이지 않아도 돼요.

1 다짐육은 **소고기양념**에 30분 정도 재운 후, 달군 팬에 식용유를 두르고 볶아서 다시 한 번 다져주고,

2 오이는 채 썰어 소금에 절여 물기를 빼고, 당근도 채 썰어 식용유에 볶고,

3 달걀물을 만들어 소금간해서 달군 팬에 식용유를 두르고 부쳐서 자르고, 게맛살도 반 잘라 준비하고,

팔팔 끓이는 게 아니고 설탕이 살짝 녹을 정도로 잠깐 끓여요.

4 채 썬 우엉은 끓는 물에 삶아 **우엉양념**에 볶아 주고,

5 **단촛물** 살짝 끓여 밥에 고루 섞어 양념 하고,

6 김 깔고 밥 펼치고, 반 자른 김 놓고, 맛살, 단무지, 달걀 놓고, 다시 반 자른 김에 소고기와 우엉 넣어 말고, 그 옆으로 당근, 오이 놓고 말아주면 끝.

약고추장곰취쌈밥

설탕 대신 꿀을 넣어 고급스럽게 만든 약고추장 하나면
최고로 훌륭한 비빔밥이 완성되는데요,
또 이 약고추장으로 주먹밥이나 쌈밥을 만들면 기가 막히게 맛있어요.
그렇다면 쌈 중에서도 향긋함이 최고인 곰취로 쌈을 만들어서 가까운데 소풍이라도 나가볼까요?^-^

주재료 소고기(다짐육 300g), 곰취
잎(12장), 밥(2공기), 굵은 소금(약간)

고기양념 간장(3), 배즙(5), 설탕(1),
다진 마늘(1), 다진 파(2), 참기름(1),
후춧가루(약간)

고추장양념장 고추장(6), 물(1컵), 꿀
(5), 참기름(1)

recipe

> 육류요리는 식으면
> 냄새가 나기도 하는데
> 이건 핏물을 빼지
> 않았기 때문이에요.

1 소고기 다짐육을 키친타월
로 꾹꾹 눌러 핏물을 빼서
고기양념에 30분 재우고,

2 물기 없이 볶아 다시 곱게
다져서,

3 다져준 고기에 **고추장양념
장** 넣고 볶아서 약고추장을
만들고,

4 굵은 소금 넣고 끓인 물에
곰취잎 데쳐 찬물에 헹궈 물
기를 뺀 후, 한입 크기로 뭉
친 밥과 약고추장 올려 포장
하듯 말아 싸주면 끝.

월남쌈샤브샤브

육수를 만들고, 야채와 샤브용 얇은 고기만 준비하면
훌륭한 한 상을 차려질 수 있어서 샤브샤브는 갑자기 손님 오셨을 때 참 좋은 메뉴예요.
준비된 가쓰오부시가 없더라도 참치액을 넣어주면 맛있는 육수도 뚝딱 만들 수 있어요.

주재료 소고기(샤브샤브용 600g), 라이스페이퍼(20장), 스위트칠리소스(적당량)

쌈야채 새싹, 오이, 양파, 당근, 적채, 파인애플(적당량)

국물야채 배추, 청경채, 표고·느타리버섯, 숙주, 쑥갓, 단호박(적당량)

육수재료 물(10컵), 다시마(사방 5cm 2장), 맛술(2), 간장(2), 가쓰오부시(1컵) 또는 참치액(3)

참깨소스 : 간장(4), 곱게 간 참깨(2), 땅콩버터(1), 설탕(1), 식초(1), 청주(1), 육수(5)
폰즈소스 : 육수(5), 간장(3), 청주(1), 레몬즙(1), 설탕(1/2)

recipe

1 물(10컵)에 다시마(2장)를 불려서 그대로 끓이다가, 2분 뒤 다시마는 건져내고, 나머지 **육수재료**를 넣고 끓여서 체에 걸러 준비하고,

2 **참깨소스**와 **폰즈소스** 만들고, 스위트칠리소스도 준비하고,

3 **쌈야채**는 가늘게 채 썰어 준비하고, 파인애플도 먹기 좋게 썰고,

4 **국물야채**도 깨끗이 씻어 준비한 재료들과 함께 내면 끝.

얼큰샤브샤브

끓는 육수에 살짝 데친 미나리와 살랑살랑 흔들어 익힌 소고기를
와사비간장에 찍어먹는 얼큰샤브샤브에요.
내 집에서 부담없이 미나리 무한리필 서비스의 감동도 맛보시고요,
남은 국물에는 칼국수 끓이고, 마지막에 달걀 볶음밥까지 풀코스로 즐겨 보세요.

주재료 소고기(샤브샤브용 300g),
미나리(1/2단), 감자(1개), 애느타리버
섯(1/2팩)

육수재료 물(8컵), 국멸치(10마리),
다시마(2장), 무(1토막), 대파(1대), 건
고추(2개), 양파(1/2개)

양념장 육수(5), 고춧가루(2), 고추장
(1), 된장(1/3), 국간장(1), 다진 마늘(1),
소금, 후춧가루, 생강가루(약간씩)

와사비간장 간장(4), 연와사비(2/3),
식초(1/2), 설탕(1/2)

recipe

1 **육수재료**를 넣고 끓이다가
다시마는 건져내고, 20분 더
끓여 육수 만들고,

2 감자는 납작하게, 미나리는
5cm 길이로 썰고, 버섯도
찢어 준비하고,

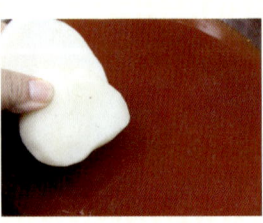

3 육수에 **양념장** 만들어 풀고,
감자 넣고 끓여 두고,

4 **와사비간장** 만들어 미나리,
버섯, 고기와 함께 내면 끝.

소고기궁중떡볶이

궁중이란 말이 들어가면 임금님이 드시는 거라 왠지 고급스럽고 더 멋지게
만들어야 할 것 같은 생각이 들어요. 그래서 전 표고버섯과 꿀을 좀 넣었어요.
이왕이면 몸에 좋은 최고의 재료로 맛깔스럽게 만들어
최고 상전인 아이들 간식이나 생일상에도 올려볼까요.^-^

주재료 소고기(불고기용 150g), 떡볶
이 떡(300g), 양파(1/2개), 불린 표고버
섯(3개), 삼색파프리카(1/4개씩), 참기름
(1/2), 통깨, 식용유(적당량)

소고기·버섯양념 간장(2), 설탕(1),
청주(1), 다진 마늘(1/2), 다진 파(1), 참
기름(1/2), 후춧가루(약간)

양념장 간장(3), 맛술(2), 물(1/2컵),
굴소스(1), 설탕(1/2), 꿀(1)

떡이 말랑하면
상관없지만 굳은 상태라면
살짝 데쳐주세요.

recipe

1 불린 표고버섯은 채 썰어 소
고기와 함께 **소고기·버섯
양념**해서 30분간 재우고,

2 달군 팬에 식용유 두르고 재
운 소고기와 버섯을 볶다가,

3 삼색파프리카와 양파도 채
썰어서 함께 볶고,

4 떡볶이 떡 넣고 볶다가 **양념
장** 만들어 붓고, 골고루 볶
아서 참기름(1/2)과 통깨 뿌
려주면 끝.

양지쌀국수

베트남쌀국수가 처음 들어왔을 때는 진짜 베트남 전통의 향과 맛을 느낄 수 있는
고수나 각종 소스, 향신료들 때문에 우리에게는 좀 맞지 않았던 게 사실이에요. 하지만 점점 우리 입맛대로
새롭게 재탄생되면서 지금은 많은 사람들에게 꾸준히 사랑받고 있는 메뉴입니다.
저는 까나리액젓이나 국물 맛을 쉽게 내는 치킨스톡으로 우리 입맛에 맞는 국물맛을 낸답니다.

주재료 소고기(얇게 썬 양지 100g),
쌀국수(300g), 숙주(1줌=100g), 청양
고추(1개), 레몬슬라이스(2조각), 대파
(1/2대), 양파(1개)

국물재료 다시마물(10컵), 양파(1/4
개), 생강 (1톨), 통후추(1/2), 치킨스톡
(2개), 마늘(3개), 대파(1/2대)

국물양념 국간장(2), 까나리액젓(1)

recipe

1 **국물재료**를 모두 넣고 끓여
서 체에 걸러 준비하고,

2 숙주는 씻어서 찬물에 담가
두고, 청양고추와 대파는 송
송 썰고, 양파는 둥근 모양
그대로 썰어주고,

3 쌀국수는 찬물에 불려 끓는
물에 2분 정도 삶아 체에 밭
쳐 물기 빼고,

4 **국물양념**하고, 양파, 대파 넣
고 끓는 국물에 고기를 흔들
어 익히고, 숙주와 청양고추,
레몬 슬라이스 올려내면 끝.

소고기볶음쌀국수

음식점에서 나오는 볶음 쌀국수는 '노두유'를 사용해 진한 색을 내는데
중국의 전통 간장인 노두유는 색을 진하게 낼 때 간장대신 사용하는 소스랍니다.
하지만 흔하지 않기 때문에 노두유가 없다면 그냥 저처럼 간장을 넣으셔도 맛은 같아요.^-^

주재료 소고기(등심 120g), 쌀국수
(볶음용 1줌=50g), 숙주(1줌=100g),
양파(1/4개), 청경채(5포기), 식용유
(적당량), 참기름(약간)

밑간양념 소금(1/4), 후춧가루(약간)

양념장 간장(1), 청주(1/2), 굴소스(2),
올리고당(1), 물(3), 다진 마늘(1), 다진
파(2), 생강가루(약간)

recipe

1 쌀국수는 찬물에 30분 정도
불려 끓는 물에 2분간 데쳐
주고,

2 소고기는 **밑간양념**을 해서 20
분 정도 재웠다가, 식용유를
두른 팬에 따로 볶아두고,

3 청경채와 채 썬 양파를 먼저
볶고, 숙주와 **양념장**, 데쳐
둔 쌀국수도 같이 볶고,

4 볶아놓은 소고기 넣고 살짝
볶아 마지막으로 참기름 넣
어 향내주면 끝.

소고기크림스파게티

스파게티와 파스타가 다른 요리라고 생각할 수 있지만
파스타는 이탈리아 국수요리의 총칭이고,
스파게티는 파스타의 면 종류 중 가장 잘 알려진 것으로
예를 들면 라면과 짜파게리(?) 이런 거랍니다.^-^

주재료 소고기(안심 150g), 양송이버섯
(3개), 스파게티면(1줌=2인분), 올리브유
(적당량), 굵은 소금(약간), 마늘(3개), 화
이트와인(2), 생크림(2컵), 소금, 후춧가루
(약간씩)

밑간양념 청주(1/2), 소금, 후춧가루(약간씩)

recipe

1 한입 크기로 썬 소고기는 키친타월로
눌러 핏물을 제거해서 **밑간양념**에 재
워두고,

2 마늘은 편으로 썰고, 양송이버섯도 도
톰하게 썰어 준비하고,

삶은 물은 버리지 말고
두었다가 볶을 때
소스가 너무 뻑뻑해지면
넣어 주세요.

3 굵은 소금 넣고 끓인 물에 스파게티면
을 8분간 삶아 올리브유를 약간 넣어
코팅하고,

취향에 따라 크림소스의
농도를 면 삶은 물로
맞추고, 소금, 후춧가루로
전체적인 간을 해주세요.

4 달군 팬에 올리브유를 두르고 썰어둔
마늘을 볶아 향내고, 소고기를 화이트
와인과 넣고 볶아서 따로 덜어 두고,

5 양송이버섯도 살짝 볶아 소금, 후춧가
루로 간을 하고, 볶아둔 소고기와 생
크림을 넣고 끓이다가,

6 삶아둔 스파게티면을 넣고 소스 맛이
배도록 약한 불에서 충분히 볶아내면
끝.

미트스파게티

파스타를 좋아하는 딸 때문에 주말마다 만드는 미트스파게티.
처음에는 생토마토를 다져서 직접 소스를 만들거나
홀토마토를 으깨서 정통 이탈리아 느낌으로도 해주었는데
엄지손가락을 번쩍 들어주는 건
시판소스에 엄마의 맛을 더하는 미트소스더라구요.
미트소스에 소고기 대신 돼지고기를 넣어도 맛있답니다.

주재료 소고기(다짐육 150g), 스파게티면
(1줌=2인분), 파르메산 치즈가루, 파슬리
가루, 소금, 후춧가루, 올리브유(적당량), 굵
은 소금(약간)

미트소스 양파(1/4개), 다진 마늘(1), 레드
와인(3), 시판 토마토스파게티소스(5), 월계
수 잎(1장)

recipe

1 양파는 곱게 다져 다진 마늘과 함께
   달군 팬에 올리브유를 둘러서 볶고,

2 소고기도 키친타월로 눌러 핏물을 뺀
   후, 뭉치지 않게 풀어가며 레드와인(3)
   을 넣고 볶다가,

3 시판 토마토스파게티소스와 월계수
   잎을 넣고 뭉근하게 끓여서 소금, 후
   춧가루로 간하고,

면 삶은 물로 소스
농도를 조절하세요.

4 굵은 소금 넣고 끓인 물에 스파게티면
   을 8분간 삶아 물기 빼고, 올리브유를
   약간 뿌려 넣은 후,

5 준비한 소스에 삶은 면을 넣고 소스가
   배게 약한 불에서 충분히 볶아서,

6 그릇에 담아 파르메산 치즈가루와 파
   슬리가루를 뿌려주면 끝.

찹스테이크

찹스테이크는 스테이크 고깃덩이를 먹기 좋게 한입 크기로
잘라서 여럿이 나눠 먹을 수 있는 참 효율적인 스테이크죠.
다양한 야채와 함께 볶아내면 온 가족이
고급스럽게 외식하는 기분도 낼 수 있는 매력적인 요리랍니다.

주재료 소고기(안심 500g), 양파(1개), 청·
홍피망(1/2개씩), 양송이버섯(4개)
1차 밑간 소금, 후춧가루(약간씩)
2차 밑간 올리브유(1), 다진 마늘(1)
소스 시판 스테이크소스(6), 토마토케첩
(2), 머스터드소스(1), 칠리소스(1/2), 와인(2)

recipe

1 소고기는 한입 크기로 먹기 좋게 썰어
1차 밑간해두고,

2 양파와 피망은 한입 크기로 썰고, 양
송이는 한 꺼풀 벗겨 4등분하고,

3 다시 **2차 밑간**을 해서 20분 재워서,

4 중불로 달군 팬에 고기를 볶아서,

5 **소스** 만들어 붓고 고루 배게 볶다가,

6 양파, 피망, 양송이버섯을 넣고 함께
볶아주면 끝.

안심스테이크

스테이크에 멋스러움을 더해주는 그릴 팬의 매력은 바로 불에 익은 스트라이프 자국에 있죠.
지난번 세일 기간에 큰맘 먹고 질러뒀더니ㅎㅎ
이제 집에서도 눈과 입이 모두 즐거운 스테이크를 즐기고 있습니다.

주재료 소고기(안심 300g), 베이비
채소(1줌), 방울토마토(4개), 버터(적
당량)

밑간양념 소금, 후춧가루(약간씩)

소스 버터(1/4), 통후추(5알), 생크림
(3), 와인(1), 시판 스테이크소스(1/2컵),
다진 토마토(1/2개 분량), 소금(약간)

recipe

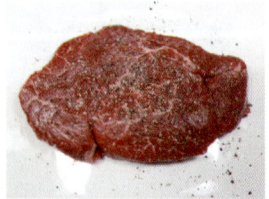   

1 두툼하게 썬 안심은 **밑간양념**을 해두고,

2 소스에 넣을 토마토는 껍질을 벗겨 다지고, 장식할 방울토마토와 베이비채소도 준비하고,

3 버터 녹이고, 통후추 갈아 넣고, 나머지 **소스** 재료 넣고 끓여두고,

4 그릴 팬에 버터 살짝 발라서 안심을 앞뒤로 구워 소스 뿌리고, 베이비채소와 방울토마토로 장식하면 끝.

LA갈비구이

LA갈비구이를 맛있게 먹으면서 한 번쯤은 왜 이게 LA갈비인지 궁금하지 않으셨나요?
LA갈비의 어원은 여러 설이 있지만, 갈비찜을 하기 위해 통으로 자르는 우리와 달리 미국에서는 측면으로 잘라
구워 먹기 좋게 만든 구이용 갈비의 명칭이 'LA식 갈비'라고 한답니다. 그런데 하필 LA에 사는 우리 교민들이 여기에
갈비양념을 해서 구워 먹었던 거죠. 어떤 경로든 우리는 'LA갈비구이'라는 이름의 맛있는 요리를 먹게 되었네요.^-^

주재료 LA갈비(1kg), 청피망(1개), 양파(1개), 소금, 통후추 갈아 만든 후춧가루(약간씩)

양념장 간장(6), 배즙(6), 맛술(1), 설탕(1), 꿀(1), 다진 마늘(2), 참기름(1), 생강가루, 후춧가루(약간씩)

recipe

통후추를 갈아서 넣어주면 향미가 더욱 좋아요.

1 갈비 끝에 달린 힘줄을 제거하고, 찬물에 1시간 정도 담가 핏물을 뺀 후,

2 칼끝으로 자근자근 두드려 **양념장**에 재워 냉장고에서 2시간 이상 숙성하고,

3 청피망과 양파는 채를 썰어, 달군 팬에 식용유 두르고 볶아 소금, 후춧가루로 간을 하고,

4 재워둔 LA갈비를 앞뒤로 노릇하게 구워 볶은 야채와 함께 내면 끝.

언양불고기버거

언양불고기는 경부고속도로를 만들 때 언양지역 근방에 파견된
건설노동자들에 의해 알려지기 시작했대요.
다져 만든 떡갈비와는 다르게 고기의 씹히는 맛이 일품인 언양불고기가
왠지 햄버거 패티로도 좋을 것 같아서 만들어보았는데 햄버거가 이렇게 고급스러운 맛이 나네요.^-^

주재료 햄버거 빵(2개), 겨자 잎(4장),
토마토(슬라이스 2장), 오이(1/3개), 치
즈(2장), 식용유(적당량)

패티재료 소고기(불고기용 2줌), 다진
파(2), 다진 마늘(1/2), 배즙(1), 설탕(1/3),
간장(1/2), 참기름(1/2), 깨소금(1/2), 소
금, 후춧가루(약간씩)

소스 곱게 다진 양파(5), 마요네즈(6),
머스터드소스(2), 소금, 후춧가루(약
간씩)

recipe

1 채썬 오이와 겨자 잎, 슬라이스한 토마토, 치즈를 준비하고,

2 소고기는 굵직하게 다져 나머지 **패티재료**를 넣고 치대서 동글납작하게 빚은 후, 식용유 두른 팬에 앞뒤로 노릇하게 구워주고,

3 곱게 다진 양파는 찬물에 담갔다 물기를 꼭짜서 나머지 **소스** 재료로 소스 만들어서 아래쪽 빵에 바르고,

4 겨자 잎 → 치즈 → 패티 → 토마토 → 남은 소스 → 오이 → 위쪽 빵 순으로 얹어주면 끝.

떡갈비치즈버거

냉동실에 굴러다니는 떡갈비나 너비아니 같은 냉동식품과
냉장실 안 채소들(양배추, 양상추, 상추, 어린잎채소, 양파 등)을 모두 꺼내 햄버거를 만들어 보세요.
참 간단한데 진짜 그럴듯한 수제버거가 만들어집니다.

주재료 햄버거빵(3개), 냉동 떡갈비
(3개), 토마토(슬라이스 3장), 양파슬
라이스(3개), 어린잎채소(2줌), 치즈
(3장), 녹인 버터(2), 소금, 후춧가루
(약간씩), 식용유(적당량)

소스 다진 양파(3), 다진 마늘(2), 시
판 바비큐소스(8), 치킨스톡(1개), 물
(1/2컵)

recipe

> 치킨스톡은 마트수입 코너에
> 가면 살 수 있는데요. 없다면
> 생략하서도 돼요.

1 달군 팬에 식용유를 두르고,
다진 양파와 마늘을 볶다가
나머지 **소스** 재료를 넣고 조
려 소스를 만든 후,

2 달군 팬에 식용유를 둘러 냉
동 떡갈비를 앞뒤로 노릇하
게 구워서,

3 기름을 두르지 않은 팬에 햄
버거빵을 살짝 구워 녹인 버
터(2) 발라서,

4 아래 빵에 소스와 양파 슬라
이스 → 떡갈비 → 치즈 →
토마토 → 어린잎채소 → 소
스 → 위쪽 빵 순서로 올려
주면 끝.

오리주물럭

신선한 오리가 마트에 대량으로 유통되면서 오리주물럭도 이제 더 이상 특별한 외식 메뉴가 아니랍니다.
쌈야채를 준비해서 식탁에 온가족이 둘러앉아 쌈밥으로 맛있게 먹고,
남은 양념에 김치와 부추 송송 썰어 볶음밥까지 푸짐하게 한 상 먹을 수 있지요.
믿을 수 있는 재료들로 만든 맛있는 요리를 편안한 마음으로 푸짐하게 먹을 수 있으니 집밥이 역시 최고입니다.^-^

주재료 오리고기(500g), 부추(1줌),
새송이버섯(1개), 양파(1/2개), 소금
(약간)

양념장 고추장(3), 고춧가루(2), 간장
(3), 청주(1), 다진 마늘(2), 설탕(1), 올
리고당(1), 카레가루(1/3), 생강가루, 후
춧가루(약간씩)

recipe

1 양파, 부추, 새송이버섯을
먹기 좋게 썰고,

2 **양념장** 만들어 오리고기에
버무린 후 냉장고에서 숙성
시켜, 달군 팬에 볶고,

3 양파와 새송이버섯도 넣어
볶다가, 부족한 간은 소금으
로 하고,

4 불끄고, 부추 넣어 버무리듯
살짝 볶아주면 끝.

오리고기두부김치

오리고기에 묵은지를 넣으면 오리 특유의 누린내는 사라지고 맛이 더욱 좋아져요.
여기에 몸을 따뜻하게 하고 소화를 돕는 부추를 넣어주면 오리고기와 환상의 궁합이지요.
그냥 두부김치도 맛있는데 오리두부김치의 맛, 상상되세요?^-^

주재료 오리고기(생고기 슬라이스 500g), 묵은지(1/4포기), 부추(1줌), 두부(1모), 청양고추(2개), 녹말가루, 소금, 식용유(적당량)

양념장 다진 마늘(1), 청주(1), 고추장(3), 고춧가루(1), 간장(2), 설탕(1), 올리고당(2), 참기름(2)

recipe

취향에 따라 송송 썬 청양고추는 양을 조절해서 올려주세요.

1 **양념장**을 만들어 오리고기에 양념해서 재우고,

2 두부는 도톰하게 썰어 소금으로 밑간을 해뒀다가, 물기 닦고 녹말가루 묻혀서 달군 팬에 식용유를 둘러 굽고,

3 묵은지는 살짝 헹궈 물기 꼭 짜서 송송 썰어 식용유 둘러 볶고,

4 오리고기를 넣고 함께 볶다가 고기가 익으면 4cm 길이로 썬 부추를 넣어 버무리듯 볶아 구운 두부 위에 얹어주면 끝.

훈제오리숙주볶음

오리는 육류 중 특이하게 알칼리성이어서 몸이 산성화되는 것을 막아준답니다.
또 체온이 사람보다 높아 오리의 기름이 우리 몸속에 들어오면
굳지 않는 불포화지방산이 되어 체내 지방을 배출시키기도 하고,
혈액을 순환시키며 콜레스테롤과 혈압을 낮추는 역할까지 해서 성인병 예방에도 좋은 재료입니다.

주재료 훈제오리(400g), 마늘(10개), 숙주(2줌), 부추(1줌), 식용유(적당량)

양념장 고추장(1/2), 간장(2), 올리고당(1), 맛술(1), 후춧가루(약간)

recipe

1 슬라이스한 훈제오리에 **양념장** 만들어 버무려주고,

2 마늘은 편으로 썰고, 부추는 4cm 길이로 썰고, 숙주도 깨끗이 씻어 준비하고,

3 달군 팬에 식용유 두르고 마늘 볶아 향을 낸 후, 훈제오리 넣고 볶다가,

4 오리기름이 나오면 숙주와 부추 넣고 볶아내면 끝.

훈제양념오리와 찰밥

언젠가 친구들과 함께 간 오리집에서 찰밥과 함께 나오는 훈제오리의 기억을 더듬어
만들어봤어요. 훈제오리에 얹어 나온 소스가 양념치킨소스의 맛이 났는데 오리와 정말 잘 어울렸어요.
그리고 볶아서 만들어준 마늘소스와 훈제오리와의 궁합도 환상이었답니다.
여기에 찰밥까지 함께 먹으면 정말 꿀맛이지 않겠어요.^-^

주재료 훈제오리(슬라이스 400g), 다
진 마늘(7), 설탕(1/2), 후춧가루(약간),
식용유(적당량)

찰밥재료 찹쌀(3컵), 서리태와 잡곡
(1/3컵), 밤(6개), 대추(3개), 소금(약간)

양념소스 고추장(3), 맛술(1/2컵), 설
탕(5), 올리고당(4), 생강(1톨), 마늘(10
개), 건고추(3개)

recipe

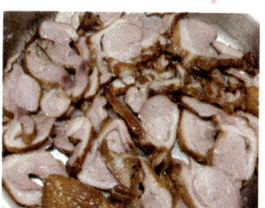

1 찹쌀, 서리태, 잡곡을 충분히
불려 밤과 대추, 소금 넣고
평소 보다 물의 양을 약간
적게 잡아 찰밥을 짓고,

2 **양념소스** 재료 넣고 바글바
글 끓여 생강, 마늘, 건고추
는 건져내고,

3 달군 팬에 식용유 두르고 다
진 마늘(7)을 볶아서 설탕
(1/2), 후춧가루를 뿌려 마늘
소스 만들고,

4 달군 팬에 훈제오리 구워서
기름은 따라내고 접시에 담
아, 마늘소스와 양념소스를
뿌리고 찰밥도 함께 담아주
면 끝.

광주식 오리탕

전라도 광주에 가면 유명한 오리탕 거리가 있어요.
그런데 우리가 흔히 접했던 백숙처럼 맑게 혹은
감자나 무를 넣고 얼큰하게 끓이는 방식이 아닌
들깨국물을 넣어 걸쭉하게 끓여내는 독특한 방식이에요.
뚝배기에 보글보글 끓이면서 미나리도 살짝 데쳐
고기와 함께 초고추장에 찍어먹는 별미요리죠.
그 맛이 한번 씩 생각나서 이렇게 재현해 봤습니다.

주재료 토막낸 오리고기(1마리), 삶은 토란대(1줌), 미나리(1/2단), 소금, 후춧가루(약간씩)

향신재료 청주(1컵), 양파(1개), 대파(2대), 마늘(10개), 생강(1톨), 월계수 잎(3장)

양념장 된장(3), 고춧가루(3), 다진 마늘(2), 국간장(2), 후춧가루(약간)

들깨국물 볶은 통들깨(1컵), 불린 찹쌀(1/2컵), 물(2컵)

초고추장 고추장(3), 설탕(3), 식초(3), 다진 마늘(1/2), 레몬즙(약간)

recipe

1 끓는 물에 손질한 오리를 넣고, 우르르 끓이고 나서 오리는 찬물에 씻어주고,

2 **향신재료**와 오리를 넣고, 물을 잘박하게 부어 팔팔 끓이고,

3 먹기 좋게 썬 삶은 토란대에 **양념장**을 넣고 버무려 준비하고,

> 통들깨를 약한 불에 달달 볶아서 갈아주면 더욱 고소하고 깔끔한 맛이나요.

4 **들깨국물** 재료를 넣고 믹서에 갈아서 체에 걸러 준비하고,

5 향신재료를 걸러낸 육수에 양념한 토란대를 넣어 끓이다가,

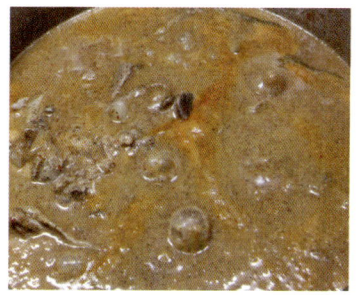

6 준비한 들깨국물 넣고 소금, 후춧가루로 간하고, 먹기 좋게 썬 미나리와 **초고추장** 함께 내면 끝.

Part 2.

채소

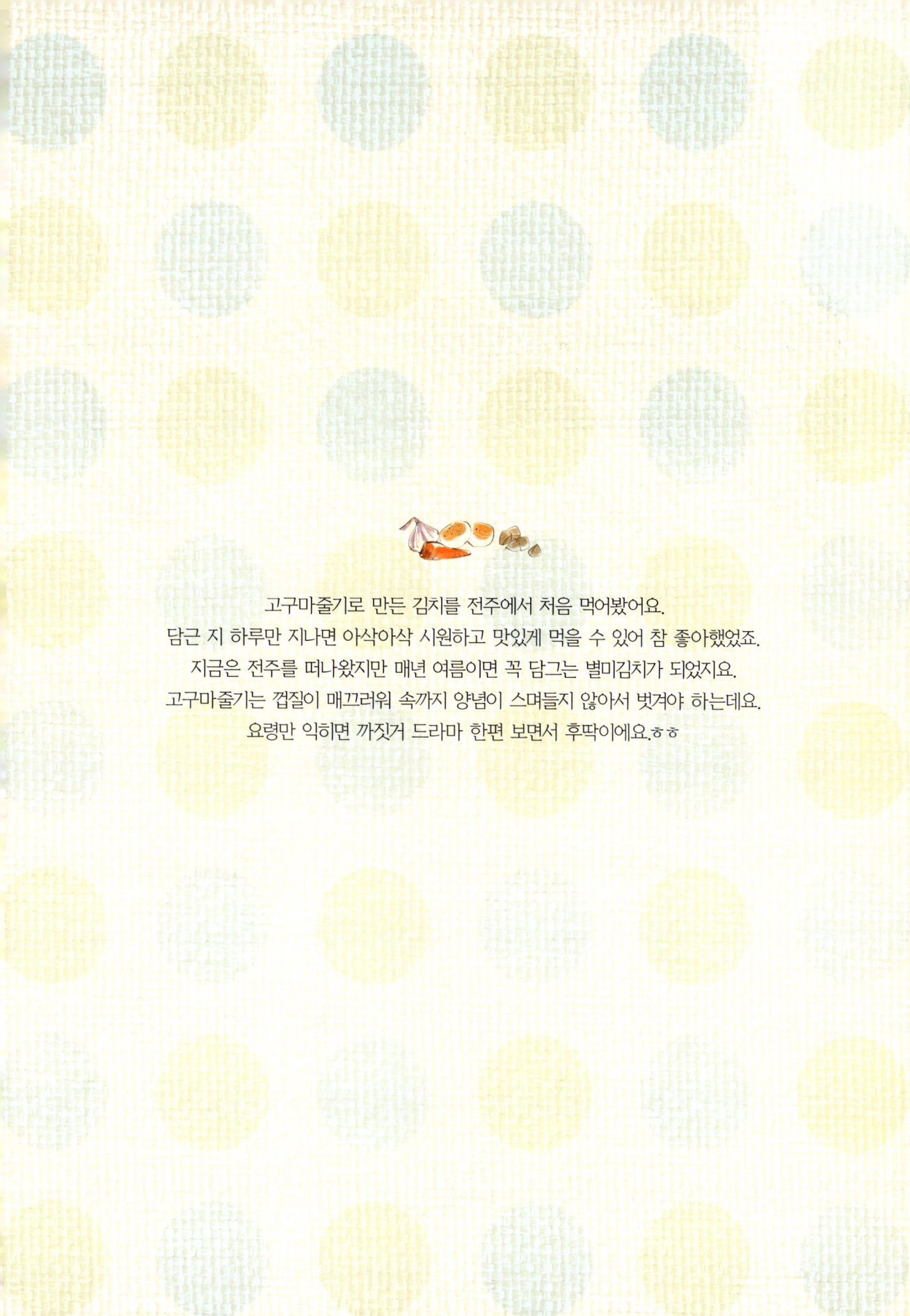

고구마줄기로 만든 김치를 전주에서 처음 먹어봤어요.
담근 지 하루만 지나면 아삭아삭 시원하고 맛있게 먹을 수 있어 참 좋아했었죠.
지금은 전주를 떠나왔지만 매년 여름이면 꼭 담그는 별미김치가 되었지요.
고구마줄기는 껍질이 매끄러워 속까지 양념이 스며들지 않아서 벗겨야 하는데요.
요령만 익히면 까짓거 드라마 한편 보면서 후딱이에요.ㅎㅎ

콩나물무침과 숙주볶음

우리 딸을 콩나물처럼 길쭉하게 키우고 싶은데ㅎㅎ
마늘향이 강해서인지 좀처럼 먹질 않아서 콩나물 삶는 물에 다진 마늘을 넣거나,
함께 소개된 숙주볶음처럼 볶아서 나물을 만듭니다. 이렇게 하면 생마늘의 아린 맛이 개운 맛으로 바뀌지요.
'모로 가도 서울만 가면 된다.' 이런 거죠. ^-^

주재료 콩나물(200g), 숙주(200g), 쪽파(2대), 다진 마늘(1), 식용유(적당량),

무침양념 다진 파(1), 간장(1/2), 참기름(1), 깨소금(1/2), 소금, 설탕(약간씩)

볶음양념 다진 마늘(1/2), 간장(1/2), 참기름(1), 통깨(1), 소금(약간)

recipe

1 콩나물무침은 팔팔 끓는 물에 다진 마늘과 콩나물 넣고 뚜껑 덮어 3분정도 삶아.

2 삶은 콩나물 건저서 따끈할 때 **무침양념**에 무쳐주면 콩나물무침 끝.

3 숙주볶음은 중불로 달군 팬에 식용유 두르고 숙주 넣어 달달 볶고,

4 **볶음양념** 넣고 볶다가 송송 썬 쪽파 넣으면 숙주볶음도 끝.

냉콩나물국

더운 여름날 냉콩나물국이 식탁에 올라오면 제일 처음 한 숟가락 뜨고는 그릇째 들고 마시게 되지요.
또 냉콩나물국은 비빔밥이나 매운 음식 먹을 때도 꼭 함께 나오는데요.
뜨거운 콩나물국을 냉장고에서 넣어 차게 하면 되는 거 아니냐고요?
좀 다른데요. 국물의 개운함과 콩나물의 아삭함을 유지하는 요리법 알려드릴게요.

주재료 콩나물(1줌=100g), 쪽파(3줄기), 소금(적당량)

국물재료 마늘(5개), 생강(1/2톨), 물(4컵)

recipe

1 **국물재료** 넣고 끓여서 마늘 생강물을 내고,

2 끓는 물에 콩나물 넣고 뚜껑 덮어 2분간 데친 후, 콩나물은 찬물에 담가두고, 삶은 물은 잘 두었다가,

3 마늘 생강물과 콩나물 데친 물을 섞어 소금간해서 냉장고에 차게 두고,

4 아삭한 콩나물을 그릇에 담고, 냉장고에 둔 냉국물을 부어 송송 썬 쪽파 올려주면 끝.

전주콩나물국밥

전주에 있는 유명한 콩나물 국밥집들이 체인 사업을 시작하면서 서울뿐 아니라 전국 각 지역,
심지어 고속도로휴게소에서도 사랑받는 메뉴가 되었어요. 그 중 제가 전주에 몇 년 살면서 맛있게 먹었던
H식당의 국밥을 완벽하게 재현했습니다. 깔끔한 국물을 위해 채소육수를 만들어 콩나물 삶은 물과 섞고,
마늘도 즉석에서 쿵탁탁 찧어 넣은 그 콩나물국밥! 시원하고 개운한 국물맛이 끝내줘요.^-^

주재료 콩나물(1봉지), 밥(2공기), 소금(적당량), 물(5컵)

곁들이 반찬 김, 김치, 새우젓, 낙지젓갈(적당량)

고명 마늘(4개), 청양고추(1개), 김치(1줌), 대파(1/2대), 고춧가루, 통깨(약간씩)

국물재료 국멸치(1줌), 다시마(사방 5cm 2장), 건표고버섯(3개), 무(2cm 반토막), 대파(1대), 생강(1톨), 마늘(5개), 건고추(2개), 물(8컵)

recipe

> 끓기 시작하고 2분 뒤에 다시마는 건지고, 다른 재료는 20분 이상 더 끓여서 체에 걸러주세요.

1 **국물재료**를 넣고 충분히 끓여 육수를 만들고,

2 물(5컵)을 끓여 콩나물을 넣고, 뚜껑을 덮어 3분간 삶은 후 콩나물은 건지고, 국물은 따로 두고,

3 통마늘은 칼로 쿵쿵 찧고, 청양고추는 다지고, 김치는 잘게 썰고, 대파도 송송 썰어 **고명**을 준비하고,

4 뚝배기에 밥과 콩나물을 담고, 준비한 육수와 콩나물 삶은 물을 합쳐 소금간해서 붓고, 고명 얹어 **곁들이 반찬**과 내면 끝.

김치콩나물국

단체급식에서 단골인 김치콩나물국은 우리 집에서도 아침 단골 메뉴랍니다.
전날 한잔하신 분도, 든든하게 먹고 학교 가는 분도, 개운하고 시원한 국물을 좋아하는 분도
모두들 한 숟가락씩 뜨며 캬~ 하는 감탄사를 연발합니다.

주재료 콩나물(200g), 김치(1줌), 홍
고추(1개), 대파(1/2대) 양파(1/4개), 다
진 마늘(1/2), 소금, 국간장(적당량)

멸치다시마국물 물(7컵), 다시마(사
방5cm 2장), 국멸치(10마리)

멸치다시마국물은
재료 넣고 끓이다가
2분 후 다시마는 건지고,
10분 더 끓여 체에
걸러주세요.

recipe

1 소를 턴 김치는 굵게 채로
썰고, 양파도 채썰고, 대파
와 홍고추는 어슷 썰어 준비
하고,

2 콩나물도 깨끗이 씻어 주고,

3 **멸치다시마국물** 만들어 김
치 넣고 끓이다가 콩나물, 다
진 마늘(1/2)을 넣고 끓여서,

4 양파, 대파, 홍고추 넣고, 소
금과 국간장으로 간하면 끝.

콩나물밥

바쁠 때 후다닥 만들기 좋은 한 그릇 요리를 소개할게요.
외출 후 돌아와서 빠르게 밥을 해야 할 때 콩나물밥을 자주 하는데요.
계절에 따라 달래, 냉이, 부추, 참나물을 넣고
비빔간장을 만들어 변화를 주면 그때그때 새로운 요리가 된답니다.

주재료 콩나물(1봉지), 쌀(3컵), 소고기(다짐육 150g)

소고기양념 간장(2), 맛술(1/2), 설탕(1/2), 참기름(1/2)

달래장 달래(5줄기), 간장(3), 고춧가루(1), 참기름(1), 통깨(1/2), 설탕(1/4), 물(1)

recipe

1 소고기 다짐육에 **소고기양념**을 해서 재워뒀다가 물기 없이 볶아 준비하고,

2 밥솥에 씻은 쌀을 넣고 평소보다 물을 약간 적게 잡아, 씻은 콩나물과 볶은 소고기를 올려 취사버튼을 누르고,

3 기다리는 동안 달래는 먹기 좋게 송송 썰어 **달래장**을 만들고,

4 밥이 다되면 고루 섞어 달래장과 곁들이면 끝.

콩나물잡채

자취생이었던 대학시절 친구 집에 놀러 갔다가 먹어본 친구 어머니의 콩나물잡채입니다.
그땐 그냥 고기 없이 콩나물만 넣고 간장에 볶아서 주셨는데 아삭한 콩나물이 너무 맛있었던 기억에
지금도 잡채에 콩나물을 한 번씩 넣게 되요. 배고픈 자취생은 뭘 먹어도 맛있지만
콩나물 잡채는 지금도 맛있네요.ㅎㅎ

주재료 콩나물(1/2봉지), 소고기(잡
채용 200g), 시금치(300g), 양파(1개),
당면(2줌), 참기름(1/2), 소금, 식용유
(적당량)

소고기양념 다진 마늘(1/2), 간장(1),
설탕(1/2), 후춧가루(약간)

양념장 간장(4), 설탕(2), 참기름(2),
후춧가루, 통깨(약간씩)

recipe

시금치는 굵은 소금을
넣고 끓인 물에 데쳐
먹기 좋게 썰어주세요.

뜨거울 때 무쳐야
간도 잘 배고
맛있답니다.

1 소고기는 **소고기양념**에 재
웠다가 물기 없게 볶아내고,

2 뿌리를 다듬은 콩나물과 시
금치는 끓는 물에 데쳐 물기
를 빼고,

3 양파는 채로 썰어 달군 팬에
식용유를 두르고 볶다가 소
금간하고,

4 불린 당면은 8분 정도 삶아
물기를 뺀 후 참기름(1/2)에
버무려, 준비한 재료와 **양념
장**을 넣고 버무리면 끝.

콩나물돼지불고기

줄임말로 일명 '콩불'이라 불리며, 직장인들의 한 끼를
만족스럽게 해결해주는 인기메뉴랍니다.
하늘하늘 얇고 부드러운 돼지고기에
아삭한 콩나물과 파채와의 조화가 기가 막힌 콩불~
오늘은 우리 돼지 앞다리살로 집에서 더욱 푸짐하게 즐겨보세요.

주재료 콩나물(1봉지), 돼지앞다리살(불
고기용 600g), 파채(대파 3대 분량), 홍고
추(2개), 식용유(적당량)

밑간양념 청주(1), 소금, 후춧가루(약간씩)

양념장 간장(2), 고추장(2), 설탕(1), 다진
마늘(1), 참기름(1), 깨소금(1), 생강가루(1/3)

recipe

1 얇게 썬 앞다리살에 **밑간양념**을 해서
재워두고,

2 대파로 파채를 만들어 물에 담가 아
린 맛 빼고, 홍고추는 송송 썰어 준비
하고,

3 콩나물은 끓는 물에 넣고 뚜껑을 덮어
1분간 데쳐 준비하고,

4 **양념장** 만들어 앞다리살에 버무려서,
달군 팬에 식용유 살짝 둘러 볶다가,

5 데친 콩나물도 함께 볶아주고,

6 고기가 다 익으면 파채, 홍고추를 넣
고 버무리듯 살짝 볶아주면 끝.

콩나물비빔쫄면

매워서 얼굴이 새빨개지고, 땀을 뻘뻘 흘리면서도
학생 때는 쫄면이 왜 그렇게 맛있었는지 몰라요.^-^
매콤새콤하고, 달콤한 양념장에 쫄깃한 면과 신선한 채소들….
그 중 아삭한 콩나물은 쫄면에서 빼 놓으면 안 되는 재료에요.
오늘은 그동안 너무 적어 서운했던 콩나물 듬뿍 넣고
학창시절 떠올리며 맛있게 비벼볼까요?

주재료 콩나물(100g), 쫄면(2인분), 삶은 달걀(1개), 양배추(1줌), 오이(1/2개), 상추(2장), 치커리(1줌)

양념장 고추장(3), 고춧가루(1), 간장(1), 식초(2), 연겨자(1/3), 다진 마늘(1/2), 올리고당(1), 설탕(1), 참기름(1/2), 통깨(1/2)

recipe ————

1 **양념장**을 미리 만들어 냉장고에서 숙성시키고,

2 양배추, 오이, 상추는 채 썰고, 치커리도 먹기 좋게 썰어 준비하고,

3 끓는 물에 콩나물을 넣고 뚜껑을 덮어 센 불에서 5분 정도 삶아 건지고,

> 10분 정도 삶으면 완숙이 됩니다.

4 달걀도 완숙으로 삶아 준비하고,

> 삶은 쫄면을 빨래 빨듯이 치대서 전분기를 완전히 빼주어야 면끼리 붙지 않고 깔끔해요.

5 쫄면은 손바닥으로 비벼가며 가닥가닥 뜯어 끓는 물에 4분 정도 삶아, 찬물에서 치대서 여러 번 헹궈 물기 빼고,

6 그릇에 쫄면 담고, 준비한 콩나물과 채소들도 담고, 양념장과 반 자른 삶은 달걀 올려주면 끝.

시금치나물

장보러 갈 때마다 꼭 집어오게 되는 시금치~
소금간해서 참기름에 고소하게 무쳐 깨소금 뿌려주는 요리법은 가장 기본이면서도 질리지 않고 맛있어요.
그럼 오늘도 기본에 충실해 볼까요.^-^

주재료 시금치(1단), 굵은 소금(약간),
참기름(1), 깨소금(1)
양념 다진 마늘(1/4), 소금(1/2)

recipe

1 시금치를 다듬어 깨끗이 씻
은 후 굵은 소금을 넣고 끓
인 물에 살짝 데치고,

2 찬물에 헹궈 물기를 짜서 먹
기 좋게 썰어,

3 **양념**을 넣고 조물조물 무쳐
서 참기름(1), 깨소금(1) 넣어
버무리면 끝.

시금치고추장무침

아빠시금치! 우리 딸이 매콤한 고추장에 무친 시금치 반찬을 부르는 이름이에요^-^
시금치 고유의 달짝지근한 맛이 있어서 특별히 설탕이나 올리고당을 넣지 않고
매실청 조금 넣어 자연스러운 단맛을 내보세요.

주재료 시금치(1단), 굵은 소금(약간), 통깨(적당량)

양념장 고추장(3), 고춧가루(1/2), 국간장(1/2), 매실청(1), 다진 마늘(1/2), 다진 파(1), 참기름(1)

recipe

1 시금치는 사이사이 흙이 제거되도록 깨끗이 씻어주고,

2 양념장을 만들어 준비하고,

3 굵은 소금 넣고 끓인 물에 시금치를 데쳐, 찬물에 헹궈 물기를 짜서 먹기 좋게 썰고,

4 양념장에 조물조물 무쳐 통깨를 뿌리면 끝.

시금치된장국

시금치는 비타민 A가 풍부하고
철분, 칼슘, 엽산, 비타민 C도 많은 알칼리식품으로,
섬유질도 풍부해서 변비 예방에도 그만이랍니다.
자, 건강에도 좋고, 맛도 좋은 시금치로 구수한 된장국도 끓여볼까요?

주재료 시금치(1단), 양파(1/2개), 대파(1대),
국간장(적당량)

멸치다시마국물 물(10컵), 국멸치(12마리),
다시마(사방5cm 1장), 슬라이스 건표고버섯
(1/2줌)

양념 된장(4), 고추장(1/2), 다진 마늘(1)
또는 13페이지 만능된장

recipe

끓고 2분 뒤 다시마를
건지지 않으면 국물이
끈적해지고, 물에 우러난
미네랄이 다시마로
다시 흡수됩니다.

1 **멸치다시마국물**을 만들어 체에 걸러
  국물 준비하고, 표고버섯을 따로 두고,

2 양파는 채 썰고, 대파는 어슷 썰어 준
  비하고,

3 시금치는 10초간 데쳐서 찬물에 담갔
  다 물기 빼서 먹기 좋게 자르고,

된장은 체에
걸러 풀어주면
국물이 깔끔해요.

4 멸치다시마국물에 **양념** 넣어 끓이고,

5 삶아 둔 시금치와 양파를 넣고 끓이다
  가,

6 대파와 따로 둔 표고버섯을 넣고, 부
  족한 간은 국간장으로 해주면 끝.

시금치퀘사디아

시금치를 싫어하는 아이들도 시금치퀘사디아는 맛있게 먹더라고요.
시금치를 넣으면 시금치퀘사디아, 불고기를 넣으면 불고기퀘사디아, 김치를 다져 넣으면 김치퀘사디아가 되니
다양한 재료들로 집어 먹기 좋게 썰어 푸짐하게 담으면 아이들 생일상에도 참 좋은 메뉴랍니다.

주재료 시금치(3포기), 토르티아(2
장), 토마토 스파게티소스(3), 모차
렐라치즈(2컵), 슬라이스햄(6장), 파
르메산치즈가루(적당량)

recipe

1 시금치를 깨끗이 씻어 잎만
떼어서 키친타월에 올려 물
기를 제거하고,

2 토르티아 한쪽에 토마토 스
파게티소스를 얇게 펴 바르
고,

3 토르티아에 모차렐라치즈(1
컵), 시금치, 파르메산치즈
가루, 슬라이스햄(3장)을 올
리고, 다시 모차렐라치즈(1
컵) 올린 후 반 접어서,

4 아무것도 두르지 않은 팬에
약불에서 뚜껑 덮고 앞뒤로
구워주면 끝.

미나리나물

제가 우리 딸만할 때 미나리는 향이 참 좋다며
즐거워하시던 아빠, 엄마가 참 이상했었죠.
하지만 이제 이런 나를 이상하게 바라보는 딸을 보면 나이가 든다는 거,
이런 맛을 알아가는 거구나 싶네요.^-^

주재료 미나리(1봉지=300g), 굵은
소금(약간)

양념재료 국간장(1과1/2), 참기름(1),
매실청(1/2), 다진 마늘(1/2), 다진 파
(1), 깨소금(1/2), 소금(약간)

식초물 물(2컵), 식초(1)

recipe

거머리가 있을 수
있으니 식초물에
꼭 담가주세요.

1 미나리는 **식초물**에 10분 정
도 담갔다가 깨끗이 씻어 물
기를 빼고,

2 굵은 소금을 넣고 끓인 물에
줄기 부분부터 넣어 10초 정
도 데쳐서,

3 찬물에 담갔다 물기 짜고 먹
기 좋게 썰어,

4 **양념재료** 넣고 간이 잘 배도
록 손으로 조물조물 무쳐주
면 끝.

미나리초무침

자취시절 미나리를 씻는데 시커먼 거머리를 보고는 정말 놀랐었죠.
그 이후로는 내가 미처 발견하지 못한 거머리라도 있으면 어쩌나 항상 걱정했어요.
하지만 식초물에 담가 두었다가 흐르는 물에 헹궈주기만 하면 되니까 걱정하지 마시고 자주 만들어 드세요.

주재료 미나리(1줌=200g)
양념장 고추장(1), 고춧가루(1/4), 간장(1), 식초(1), 설탕(1/2), 통깨(약간)
식초물 물(2컵), 식초(1)

recipe

1 미나리의 쉰 잎은 떼어내고 **식초물**에 10분 정도 담갔다가,

2 깨끗이 씻어 물기 빼고 4cm 길이로 잘라주고,

3 새콤달콤한 **양념장**을 만들어서,

4 먹기 직전에 살살 무쳐주면 끝.

미나리오징어무침

미나리와 오징어는 참 잘 어울려요. 오삼불고기에도 미나리가 꼭 들어가야 맛이 나잖아요.
매콤달콤 오징어무침 역시 미나리의 향긋하고 깔끔한 맛이 입맛을 돋궈준답니다.
그리고 양념장에 연겨자를 약간 넣어 더욱 감칠맛나게 무쳐보세요.

주재료 미나리(1줌=200g), 오징어
(2마리), 풋고추, 홍고추(1개씩), 소금,
통깨, 굵은 소금(약간씩)
양념장 고추장(2), 고춧가루(2), 간장
(2), 청주(1), 설탕(1), 올리고당(1), 다진
마늘(1), 연겨자(1/4), 생강가루(약간)
식초물 물(2컵), 식초(1)

recipe

오징어 몸통 안쪽에
X자가 되도록 대각선
칼집을 내주세요.

1 껍질을 벗긴 오징어에 대각
선으로 칼집을 내고, 반 갈
라 2cm로 썰어서,

2 끓는 소금물에 오징어 데쳐
내고,

3 미나리도 **식초물**에 담갔다가
씻은 후, 끓는 소금물에 살짝
데쳐 찬물에 담갔다 물기 짜
서 먹기 좋게 자르고,

4 **양념장** 만들어 미나리부터 무
치고, 오징어, 송송 썬 고추,
통깨를 넣어 무쳐주면 끝.

참나물무침

참나물무침은 참나물을 10초간 데쳐 썰고, 양념장에 조물조물하면 끝!! 참 쉽죠?^-^
하지만 맛내기는 어려운 나물반찬의 포인트는 가족의 취향을 고려해서 나물에 특징을 잘 살릴 수 있도록
양념장을 약간씩 변화시켜주는 거랍니다.

주재료 참나물(1줌=200g), 통깨,
굵은 소금(약간씩)

양념장 고추장(1), 된장(1/2), 고춧가
루(1/2), 설탕(1/2), 다진 마늘(1), 참기
름(1)

recipe

1 깨끗이 씻은 참나물은 굵은
소금을 넣고 끓인 물에 줄기
부터 넣어 살짝 데쳐내고,

2 찬물에 헹궈 물기를 꼭 짜서
먹기 좋게 썰고,

3 양념장 만들어 무쳐서 통깨
뿌려주면 끝.

참나물겉절이

참나물 겉절이는 고기와 참 잘 어울려요.
특히 삼겹살 구이와 함께 내면
고기보다 더 많이 먹게 됩니다.^-^

주재료 참나물(100g), 오이(1/2개),
풋고추, 홍고추(1개씩), 들깨가루(약간)
양념장 고춧가루(1과1/2), 간장(3), 식
초(2), 설탕(1), 물(2), 들기름(1)

recipe

1 깨끗이 씻은 참나물은 먹기
좋은 크기로 썰고,

2 오이는 반으로 갈라 어슷 썰
고, 고추도 송송 썰어 준비
하고,

3 **양념장** 만들어서,

4 먹기 직전에 양념장 넣어 가
볍게 버무리고, 들깨가루 솔
솔 뿌려주면 끝.

참나물바지락전

처음에는 바지락의 비린 맛을 잡아주려고 된장을 조금 넣었는데요.
고추장도 조금 넣어주니 맛도 빛깔도 좋더라고요.
그리고 보니 반죽에 고추장과 된장이 들어가 장떡 같은 느낌이 드네요.
참나물과 어우러진 바지락과 청양고추의 칼칼하게 매운맛이 그만인
별미 중의 별미입니다.

주재료 참나물(1줌=200g), 바지락살(150
g), 청양고추(2개), 홍고추(1개), 식용유(적당
량), 굵은 소금(약간)
반죽재료 밀가루(1컵), 물(1컵), 된장(1/2),
고추장(1/2), 생강가루(약간)
초간장 간장(2), 식초(2), 설탕(1), 물(2)

recipe

1 깨끗이 씻은 참나물은 3cm 길이로 썰고,

2 바지락살은 옅은 소금물에 흔들어 깨끗이 씻어서,

데쳐서 전을 부치면
물이 생기지 않고
부치는 시간이 단축돼요.

3 바지락살을 끓는 물에 살짝 데쳐 준비하고,

4 청양고추와 홍고추는 최대한 얇게 송송 썰어 놓고,

5 **반죽재료** 섞어 참나물, 바지락살, 고추를 모두 넣어 반죽만들고,

6 달군 팬에 식용유 두르고 한 숟가락씩 떠서 앞뒤로 지져 **초간장**과 곁들이면 끝.

가지나물

호로록 쩝쩝~ 이 소리는 궁극의 부드러움을 자랑하는 가지나물을 먹는 소리입니다.
보라색 가지에 들어있는 안토시안은 혈중 콜레스테롤 수치가 높아지는 것을 막아주고,
이뇨작용을 도와 부종에도 좋답니다.
몸에 좋은 가지로 맛있는 가지나물 만들어서 4계절 내내 많이 드세요.^-^

주재료 가지(2개)

양념장 간장(1), 설탕(1/3), 다진 마늘
(1/2), 다진 파(1), 참기름(1), 통깨, 소금
(적당량)

recipe

젓가락으로 찔러
부드럽게 익었으면
꺼내서 그대로
식혀주세요.

1 깨끗이 씻어 꼭지 뗀 가지를
5cm 길이로 자른 후 반 갈
라서,

2 김 오른 찜기에 가지의 껍질
이 위로 가도록 놓고 3분 이
상 쪄서 식히고,

3 식은 가지를 손으로 가늘게
찢어,

4 양념장을 넣고 조물조물 무
쳐주면 끝.

가지볶음

자취생이 가장 많이 먹는 여름 반찬은 가지볶음과 오이무침이에요. 여름에는 가지와 오이가
가장 흔하고 싸기도 하지만 특히 가지는 먹어도 먹어도 질리지 않았던 것 같아요. 가지반찬 하나에
흰쌀밥이면 그저 행복했던 그 시절의 순수함이 그립습니다.ㅎㅎ

주재료 가지(2개), 풋고추(2개), 대파
(1/2대), 다진 마늘(1/2), 참기름, 통깨
(약간씩), 식용유(적당량)

양념장 고추장(1/2), 고춧가루(1), 간
장(1), 맛술(1), 올리고당(1), 소금(약간)

recipe

1 가지는 4cm 길이로 잘라 반
가르고, 가운데 껍질 부분을
잘라 멋을 주고,

2 풋고추와 대파는 송송 썰어
준비하고,

3 달군 팬에 식용유 두르고 다
진 마늘(1/2) 볶아 향을 낸
후, 가지 넣고 볶아서,

4 가지가 익어 가면 **양념장**을
넣고 볶다가, 대파와 고추 넣
고 참기름, 통깨 뿌려주면 끝.

구운가지나물

가지를 고기처럼 양념에 재웠다가 구운 요리예요.
맛이 궁금 하시다고요?
양념이 푹 배인 그 맛은 당신이 상상하는 그 이상입니다.^-^

주재료 가지(2개), 식용유, 통깨(적당량)

양념장 고춧가루(1), 간장(3), 설탕(1/2), 맛술(1), 다진 마늘(1/2), 다진 파(1), 다진 풋고추(1), 다진 홍고추(1), 참기름(1)

recipe

1 깨끗이 씻은 가지는 어슷하게 썰고,

2 **양념장** 만들어 썰어 놓은 가지에 재우고,

3 달군 팬에 식용유 두르고 재운 가지와 반 남긴 양념장 넣고 구워,

4 통깨 뿌려주면 끝.

가지마파두부

과정이 다소 복잡해 보이지만 마파소스만 만들어지면 그냥 가지와 두부볶음이죠.
아마 마파소스가 중국 것이라는 기분 탓일 거예요. ^-^
중국요리가 그렇듯 만들어 놓으면 맛도 좋고 보기도 좋아
레시피대로 가지마파두부 맛있게 만들어 따뜻한 밥 위에 얹어 드세요.

주재료 가지(2개), 두부(1모), 돼지고기(다짐육 200g), 참기름(1/2), 식용유(적당량)

고기밑간 간장(1), 청주(1), 설탕(1/2), 생강가루, 후춧가루(약간씩)

1차 양념 두반장(2), 고춧가루(1), 다진 마늘(1)

2차 양념 다시마물(2컵), 굴소스(2), 설탕(1), 후춧가루, 소금(약간씩)

물녹말 녹말(1), 물(3)

recipe

다시마물은 물(2컵에 다시마 우려내서 소스에 그대로 넣고 끓이다 다시마를 건져내세요.

1 돼지고기는 **고기밑간**에 재워두고,

2 가지는 어슷 썰어 식용유 없이 앞뒤로 굽고, 두부는 깍둑 썰어 달군 팬에 식용유를 둘러 지져서 따로 두고,

3 달군 팬에 식용유를 두르고, **1차 양념**과 돼지고기를 넣고 볶다가, **2차 양념** 넣어 마파소스 만들고,

4 마파소스에 지진 두부와 구운 가지 넣고 볶다가 **물녹말**과 참기름(1/2) 넣어주면 끝.

오이깍두기

여름이면 전 오이를 깍두기 김치처럼 만들어 먹어요.
소박이는 오이에 소를 만들어 넣어야 하는 수고로움과 익히는 시간이 필요하지만,
오이깍두기는 소박이 양념에 후다닥 버무려
그날부터 바로 소박이 맛을 볼 수 있답니다. ㅎㅎ

주재료 오이(3개), 부추(1줌), 굵은
소금(1)

양념재료 고춧가루(4), 다진 새우젓
(1), 소금(2/3), 설탕(1), 다진 마늘(1과
1/2)

recipe

1 오이는 굵은 소금으로 비벼
깨끗이 씻어서,

2 한입 크기로 썰어 굵은 소금
(1) 넣고 절여주고, 부추도
먹기 좋게 썰고,

3 절인 오이의 물기 빼고, 고
춧가루(2)를 먼저 넣어 빨갛
게 물들이고,

4 남은 고춧가루(2)와 **양념재
료** 모두 넣고 버무리다 부추
넣어 고루 섞어주면 끝.

노각무침

늦여름에 볼 수 있는 늙은 오이 노각은 일반적인 오이보다 영양이 더 풍부해요.
엄마가 만들어주시던 매콤새콤하고, 달콤했던 그 맛이
여름철 나른했던 입맛을 깨워주었죠.
그렇다면 더위에 지친 우리가족 입맛을 노각무침으로 한번 살려볼까요!!

주재료 노각(1개), 굵은 소금(1/2)
양념장 고추장(2), 고춧가루(2), 식초
(2), 다진 마늘(1), 다진 파(2), 설탕(1),
매실청(2), 깨소금(1)

recipe

1 필러로 노각 껍질을 벗겨서
반 갈라 숟가락으로 씨를 파
내고,

2 노각을 0.5cm 두께로 썰어
굵은 소금(1/2)을 뿌려 10분
이상 절이고,

3 절인 노각의 물기를 꼭 짜낸
후,

4 **양념장** 만들어 조물조물 무
쳐주면 끝.

오이샐러리장

장아찌는 반드시 간장을 끓여서 며칠의 기다림 끝에 먹어야 한다는 생각은 이제 버리세요.
간장과 식초, 설탕의 배합을 잘 맞춘 배합간장을 부어주면 3~4시간 후에 맛있는 장아찌를 맛볼 수 있으니까요.
처음에는 오이와 청양고추가 참 맛있고요, 시간이 지날수록 무가 더 맛있어 진답니다.
샐러리는 처음부터 끝까지 아삭아삭 향긋하고요.

주재료 오이(1개), 샐러리(2대), 무
(4cm 1토막), 청양고추(2개), 굵은 소
금(1/2)

배합간장 간장(2컵), 설탕(2컵), 식
초(3컵)

recipe

1 오이, 샐러리, 청양고추는
먹기 좋게 썰어 준비하고,

2 무는 나박 썰어 굵은 소금
(1/2)에 10분 이상 절여주고,

3 **배합간장**을 만들어서,

3~4시간
냉장 보관 후
드시면 됩니다.

4 준비한 오이와 야채들 모두
넣고, 배합간장을 부어 냉장
보관하면 끝.

오이지무침

오이지하면 보통 소금물에 삭히는 것까지만 아시죠? 전 올리고당에 한 번 더 숙성시킨답니다.
그러면 아삭아삭하면서도 무말랭이처럼 꼬들꼬들한 오이지가 만들어져요.
자, 지금부터 저만의 시크릿 레시피를 알려드릴게요. ^-^

오이 삭히는 재료 오이(8개), 굵은
소금(1/2컵), 물(2리터), 올리고당(2컵)

오이지 무침장 오이지(2개), 고춧
가루(1), 다진 마늘(1/2), 다진 파(1),
설탕(1/2), 매실청(1/2), 참기름(1/2)

끓는 소금물을 부으면
시간이 지나도 오이지가
아삭아삭해요.

오이가 뜨지 않도록
접시나 돌로 눌러주어야
제대로 숙성이 돼요.

recipe

1 물(2리터)에 굵은 소금(1/2)
넣고 팔팔 끓여 깨끗이 씻어
둔 오이에 붓고,

2 실온에서 1주일 숙성시켜 소
금물은 따라내고, 올리고당
(2컵)을 붓고 2~3일간 2차
숙성해서,

3 오이지(2개)를 꺼내 동글동글
썰어서 물기 꼭 짜고,

4 **오이지 무침장**을 넣고 조물
조물 무쳐주면 끝.

애호박볶음

바쁘게 밥상을 차리다 보면 일단 호박 먼저 넣고, 다진 마늘 좀 넣어 볶다가 소금간하고,
버섯도 넣고 볶다가 싱거워서 다시 간을 하지요. 그러다보면 맨 처음 넣은 호박은 죽이 되어 버려요.
하지만 조금 번거로워 보여도 호박을 미리 소금에 절이고, 버섯에 밑간을 해준 상태로 볶아주면
간이 잘 배어 맛도 좋고, 완성도 높은 반찬이 만들어진답니다.

주재료 애호박(1개), 표고버섯(5개),
양파(1/2개), 대파(1/2대), 굵은 소금,
식용유(적당량)

버섯밑간 간장(1), 다진 마늘(1/2),
설탕(약간)

양념 간장(1), 맛술(1), 참기름(1), 소
금, 후춧가루(약간씩)

recipe

1 애호박은 반 갈라 반달썰기
해서 굵은 소금을 뿌려놨다
가 물기를 빼고,

2 표고버섯은 얇게 슬라이스
로 썰어 **버섯밑간**을 해두고,

3 달군 팬에 식용유 두르고 표
고버섯을 먼저 볶다가 채 썬
양파와 애호박 넣어 볶고,

4 어느 정도 익으면 **양념**하
고, 대파 송송 썰어 넣어 주
면 끝.

애호박전

여름방학에 외할머니댁에 가면 막 따온 애호박으로 전을 부쳐주셨죠.
과자 살 구멍가게 하나 없는 동네에서 할머니의 호박전은 얼마나 달콤하고 고소했던지
지금도 호박전을 먹을 때마다 그때가 생각나요.
그러고 보면 음악도 그렇지만 음식에도 추억과 사연이 담겨있는 거 같아요.

주재료 애호박(1개), 풋고추, 홍고추
(1개씩), 소금(1/2), 밀가루(4), 식용유
(적당량)
달걀물 달걀(2개), 소금(약간)
초간장 간장(2), 식초(1), 물(1), 설탕
(1/2)

recipe

1 애호박은 너무 얇지 않게 썰
고, 고추는 얇게 송송 썰어
씨를 빼고,

2 애호박에 소금(1/2)을 넣고
절여서 물기 빼서,

3 애호박에 밀가루 묻혀서,
달걀물 만들어 입히고,

4 달군 팬에 식용유를 두르고,
호박 놓고 고추로 장식해서
앞뒤로 지져 **초간장** 곁들이
면 끝.

애호박들깨수제비

들깨는 가루로 만들어서 나물을 무칠 때나 쓰는 재료로만 생각했는데 전주에 잠시 살면서
굉장히 다양하게 활용할 수 있다는 걸 알았어요. 가장 인상 깊었던 건 들깨수제비와 국수랍니다.
오늘은 녹차가루 넣어 핸드메이드로 수제비 반죽을 만들고,
들깨국물에 애호박 넣고 팔팔 끓여 한 숟가락 떠볼게요.^-^

주재료 애호박(1/2개), 국간장(1), 소금(약간), 멸치다시마국물(6컵)

수제비반죽 밀가루(2컵), 녹차가루(1/2), 물(1컵), 소금(1/3), 식용유(1/3)

들깨즙 볶은 통들깨(1컵), 불린 찹쌀(1/2컵), 물(2컵)

recipe

> 물을 조금씩 넣어 농도를 맞춰가며 반죽해서 마지막에 식용유를 넣고 치대주세요.

1 밀가루에 녹차가루를 섞어 **수제비반죽**을 해서 비닐에 담아 냉장실에서 1시간 정도 숙성시키고,

2 **들깨즙** 재료를 모두 넣고 믹서에 간 후, 체에 걸러주고,

3 들깨즙에 멸치다시마국물 (6컵) 부어 끓이다가 국간장 (1) 넣고, 수제비반죽도 떼 어 넣고,

4 얄팍하게 썬 애호박 넣고, 소금간하면 끝.

호박잎된장찜

부드러운 호박잎을 찜기에 쪄서 쌈을 싸 먹거나,
숭덩숭덩 썰어 된장찌개 끓이는 건 다 아시죠.
그래서 전 약간의 저장성을 가진 밑반찬으로 만들어 봤어요. 그냥 일반 된장에 기본양념만 넣어도 맛있는데
멸치가루, 표고버섯, 콩가루까지 넣었더니 열 반찬 안 부럽네요.^-^

주재료 호박잎(40장), 다진 풋고추,
홍고추(1개분량씩)

된장양념 된장(2), 간장(1), 설탕(1),
올리고당(1/2), 다진 마늘(1), 다진 파
(2), 멸치가루(3), 표고버섯가루(3), 콩
가루(5), 참기름(1)

recipe

1 호박잎은 줄기를 꺾어 내리
   면서 거친 줄기 벗겨낸 후,
   깨끗이 씻어 물기 빼고,

2 **된장양념** 만들어 살짝 볶아
   서,

3 호박잎에 차곡차곡 된장양
   념 바르고 다진 고추를 함께
   올려주고,

4 김 오른 찜기에 그릇째 넣어
   서 5분 정도 쪄주면 끝.

단호박연근조림

보통 연근만 넣고 조림을 많이 하는데 단호박도 함께 넣어주니
식감도 맛도 달라서 먹는 즐거움이 두 배가 되었어요.
연근은 미리 손질해 두면 변색이 돼서 시커멓게 색이 변하니 식초물에 담가 두는 거 잊지 마세요.

주재료 미니 단호박(1개), 연근(1/2 개), 건고추(3개), 통깨(1), 식용유(적당량)

조림장 멸치다시마국물(1컵), 맛술(1/2컵), 간장(4), 올리고당(2), 참기름(1)

recipe

1 깨끗이 씻은 미니 단호박은 반 갈라 씨는 긁어내고 한입 크기로 썰어 준비하고,

2 연근도 썰어서 끓는 물에 3 분 이상 데쳐 물기를 빼고,

3 달군 팬에 식용유 두르고 씨 빼서 자른 건고추와 연근 넣 고 볶다가,

4 조림장 넣고 연근이 어느 정 도 익을 때까지 끓인 다음 단호박 넣고, 약한 불에서 조림장 자작하게 조려서 통 깨(1) 뿌리면 끝.

단호박고구마맛탕

보통 고구마만으로 맛탕을 많이 하는데
이번에는 단호박이 주연이고, 고구마가 조연이에요.^-^
고구마는 조금 퍽퍽한 맛이 있는데 단호박은 부드럽고 수분이 많아 함께 있으면
은근 단호박으로 손이 많이 간답니다.

주재료 단호박(1/4개), 고구마(2개),
녹말가루(2), 검은깨(약간), 식용유
(적당량)
시럽 황설탕(1/2컵), 물(1/2컵), 꿀(2),
소금(약간)

recipe

1 단호박과 고구마는 한입 크
기로 썰어, 녹말가루(2) 옷
을 입혀서,

2 180℃에서 예열한 식용유에
단호박과 고구마 노릇하게
튀겨,

3 **시럽** 재료 넣고 중불에서 끓
여서,

4 시럽에 튀긴 단호박과 고
구마 넣고 버무려 검은깨
뿌리면 끝.

단호박전

유럽에 핫케이크가 있다면 우리에게는 단호박전이 있습니다.
핫케이크처럼 촉촉하고 부드러우며,
시럽을 뿌리거나 설탕을 넣지 않아도 천연의 달콤한 맛을 가진 단호박전~
거기에 핫케이크보다 예쁜 천연 개나리색 단호박전이라
더 자랑스럽게 느껴집니다.

주재료 단호박(중 1/2개), 대추(5개), 쑥갓
(2줄기), 식용유(적당량)
반죽재료 밀가루(2/3컵), 쌀가루(1/3컵),
달걀(1개), 물(2/3컵), 소금(1/2)

recipe

> 딱딱한 단호박
> 껍질은 랩을 씌워
> 전자레인지에 3분
> 정도 돌려서
> 벗기면 쉬워요.

1 단호박은 반 갈라 씨는 긁어내고, 껍
질을 벗겨 한입 크기로 썰어,

2 한입 크기로 썬 단호박을 믹서에 곱게
갈고,

3 갈아 준 단호박에 **반죽재료** 넣고 고루
섞어 반죽 만들고,

4 대추 돌려 깎아 씨를 빼고 돌돌 말아
썰어서 꽃을 만들고, 쑥갓은 잎을 떼
어 찬물에 담가 준비하고,

5 달군 팬에 식용유 두르고, 한 숟가락
씩 떠서 동그랗게 만들고,

6 쑥갓, 대추로 장식해서 앞뒤로 지져주
면 끝.

단호박죽

단호박이 대중화되기 전에는 가을에 수확해서 저장했다가
추운 겨울에 꺼내서 푹 고아 만든 오렌지 빛깔 호박죽을 먹었어요.
하지만 이제는 단호박이 사계절 내내
담백하고 맛있는 호박죽을 제공해주네요.
달달하면서 부드러운 단호박죽은
아기부터 어르신까지 기분을 업 시켜준답니다.^-^

주재료 단호박(중 1통), 대추(3개), 물(3컵),
설탕(3), 소금(약간)
찹쌀물 찹쌀가루(1/2컵), 물(2컵)

recipe

1 단호박은 껍질을 벗겨 반 갈라 씨는 숟가락으로 긁어내고 잘게 썰어,

2 단호박과 물(3컵)을 넣고, 10분 이상 무르게 익히고,

3 대추는 돌려 깎아 씨를 빼고 돌돌 말아 꽃모양으로 썰어 준비하고,

4 단호박과 삶은 물을 한 김 식혀서 블랜더에 곱게 갈아 다시 끓이고,

5 끓고 있는 단호박에 **찹쌀물** 만들어 저어가며 끓인 후,

6 설탕(3)과 소금으로 간하고, 꽃모양의 대추로 장식하면 끝.

감자채볶음

감자를 썰어 찬물에 담그면 감자의 전분이 빠져서 하얀 물이 나와요.
전분이 묻어있으면 끈끈해서 서로 달라붙고 깔끔하게 만들어지지 않아요.
전 찬물에 굵은 소금도 조금 넣는대요. 볶아놔도 축축 늘어지지 않아 탱탱하고, 간도 약간 배어 더 맛있습니다.

주재료 감자(2개), 노랑·빨강 파프리카(1/4개씩), 양파(1/4개), 슬라이스햄(1장), 굵은 소금(약간), 식용유(적당량)

양념 다진 마늘(1), 굴소스(1/2), 소금(1/2), 후춧가루(약간)

recipe

1 찬물에 굵은 소금을 넣고, 껍질 벗겨 채썬 감자를 담가 전분기 빼주고,

2 파프리카와 햄, 양파도 채 썰어 준비하고,

3 달군 팬에 식용유 두르고 감자, 양파 먼저 **볶**다가 **양념**과 파프리카, 햄을 넣고 볶아주면 끝.

감자고추장볶음

감자고추장볶음을 할 때에는 볶음주걱을 들고 계속 젓고 있을 필요는 없어요.
감자의 포근한 식감을 주기 위해 약간 도톰하게 썰어서
양념장에 다시마물 붓고 국물이 자작할 때까지 조리면 감자가 포실포실 딱 맞게 익어요.
감자가 익는 동안 뒷정리를 하거나 다른 반찬하나 더 만들어내는 센스를 발휘해보세요.^-^

주재료 감자(4개), 청양고추(2개), 홍고추(1), 다시마물(1컵), 통깨, 굵은 소금(약간씩), 식용유(적당량)

양념장 간장(4), 고춧가루(1), 고추장(1), 다진 마늘(1), 설탕(1), 올리고당(1), 맛술(2), 후춧가루(약간)

recipe

1 껍질을 벗겨 반 잘라 도톰하게 썬 감자는 굵은 소금을 넣고 찬물에 담가 전분기를 빼고,

2 달군 팬에 식용유 두르고, 감자를 볶아 반 정도 익히고,

3 **양념장**을 만들어 넣고, 다시마물(1컵)을 부어 바글바글 끓이다가 약불에서 뭉근하게 익히고,

4 어슷 썬 고추 넣고, 통깨 뿌려주면 끝.

알감자조림

미니어처 알감자로 쫀득쫀득 맛있는 조림반찬을 만들어보세요.
껍질째 조려줘야 하니 흐르는 물에 수세미로 문질러서 깨끗이 씻어주고,
조림장에 바글바글 조려 밀폐용기에 담아두면 참 뿌듯하답니다.^-^

주재료	알감자(500g＝25알), 통깨 (적당량)
조림장	간장(4), 맛술(2), 설탕(2), 올리브유(1), 건고추(2개)
양념	올리고당(3), 참기름(1)

recipe

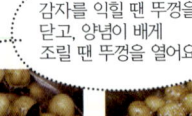

2/3 익힘이란 젓가락으로 찔러보아 천천히 들어가는 정도입니다.

감자를 익힐 땐 뚜껑을 닫고, 양념이 배게 조릴 땐 뚜껑을 열어요.

1 알감자는 깨끗이 씻어 잘박하게 물을 붓고 뚜껑을 닫아 15분 정도 삶아, 2/3 정도 익혀,

2 **조림장** 재료를 모두 넣고 뚜껑을 닫고 끓이다가,

3 조림장이 졸아들 때까지 은근한 불에서 조려, **양념** 넣고 통깨 뿌리면 끝.

감자버터구이

고속도로 휴게소에서 노릇노릇하니 고소한 스멜로 유혹하는 감자버터구이는
집에서 간식으로 만들어 먹기에도 그만이죠.
여행을 가지 않아도 여행지 휴게소에서 먹는 그런 기분 만끽해볼까요?^-^

주재료 감자(중 8개), 소금(1/2)
양념 버터(1과1/2), 설탕(1)

젓가락으로 찔렀을
때 푹 들어갈 정도로
삶아주세요.

recipe

1 감자는 작은 크기로 준비해
서 껍질 벗겨 찬물에 담가
전분기를 빼고,

2 냄비에 소금(1/2)을 넣고 감
자가 충분히 잠기도록 물 붓
고 뚜껑 덮고 삶아서,

3 달군 팬에 버터 녹여 물기
뺀 감자를 넣고 좌우로 흔들
어가며 고루 묻혀,

4 설탕 뿌려가며 노릇하게 구
워주면 끝.

감자달걀국

간단한 아침국이나 볶음밥 짝꿍으로 제일 만만한 달걀국~
하지만 여기에 감자를 넣어 주면 결코 가볍지 않은 더욱 맛있는 국물이 만들어집니다.
이제 그냥 달걀국에서 감자달걀국으로 업그레이드해주세요.^-^

주재료 감자(2개), 달걀(1개), 양파(1/2개), 대파(1/2대), 멸치다시마국물(5컵), 식용유(약간)

양념 다진 마늘(1), 국간장(1), 소금(약간)

recipe

1 감자는 얄팍하게 썰고, 양파는 채 썰고, 대파는 송송 썰어 준비하고,

2 달군 냄비에 식용유 두르고, 양파를 볶다가 감자도 볶고,

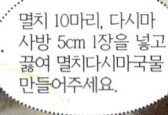

멸치 10마리, 다시마 사방 5cm 1장을 넣고 끓여 멸치다시마국물 만들어주세요.

3 멸치다시마국물(5컵)을 부어 뚜껑 덮고 끓이다가,

불을 꺼도 여열에 계란이 부드럽게 익어요.

4 감자가 익으면 **양념**하고, 대파 넣고, 불을 끈 후 달걀 풀어주면 끝.

감자찌개

국물 요리할 때 그냥 물을 넣은 것과 다시국물을 넣은 것은 확연한 차이가 납니다.
제일 처음 국물 한 숟가락 떠서 먹었을 때 감탄사 소리가 완전 다른 거죠.
조금 번거로워도 기왕 하는 거 작품을 만들어야죠. 오늘은 건고추와 통후추도 넣은 다시국물입니다.
가족들의 캬~ 하는 격한 반응 기대하세요.^-^

주재료 감자(1개), 소고기(100g), 대파
(1/2대), 풋고추(1개), 홍고추(1/2개), 식
용유(약간)

멸치다시마국물 물(5컵), 국멸치(10
마리), 다시마(사방 5cm 2장), 건고추
(1개), 통후추(1/2)

양념 고추장(2), 된장(1), 다진 마늘(1),
후춧가루(약간)

된장은 체에 걸러
풀어 주세요.

recipe

1 **멸치다시마국물** 만들어서
체에 걸러 준비하고,

2 감자는 반을 갈라 먹기 좋게
썰고, 대파, 고추는 어슷 썰
고,

3 달군 냄비에 식용유 두르고,
소고기 달달 볶다가 감자도
볶고,

4 **멸치다시마국물**을 붓고, **양
념**해서 끓이다가, 감자가 다
익으면 대파, 고추 넣어주면
끝.

감자전

밀가루도 하나 넣지 않은 100% 수제 감자전입니다.
감자를 믹서나 블랜더에 갈면 쫄깃함이 좀 떨어지니
대량이 아니라면 힘들어도 강판에 갈아주세요.
열심히 갈다보면 팔뚝에 근육(?)이 좀 생길 수 있지만
가족들이 맛있게 먹는 모습을 떠올리며 힘을 내요!!

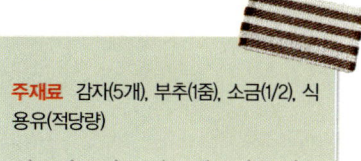

주재료 감자(5개), 부추(1줌), 소금(1/2), 식
용유(적당량)

recipe

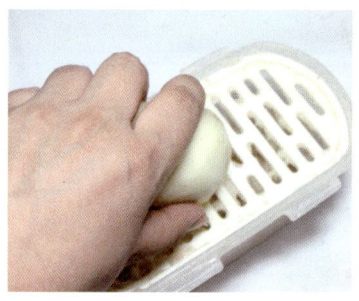

1 껍질 벗긴 감자를 강판에 갈고,

2 부추는 먹기 좋게 썰어주고,

3 국물은 녹말이 가라앉게 두었다가 녹
말만 남기고 윗물은 따라버리고,

4 체에 밭쳐 숟가락으로 꾹꾹 눌러 국물
과 감자건더기를 분리해서,

5 가라앉은 녹말과 감자건더기, 소금
(1/2), 부추를 넣고 반죽해서,

6 달군 팬에 식용유를 넉넉하게 두르고
앞뒤로 지져주면 끝.

감자피자

엄마가 만들어주는 오리지널 홈메이드 수제피자~
피자 좋아하는 우리 딸을 진심 만족시켜 주는 엄마표 피자~
한 숟가락 뜨더니 고소하고 폭신한 감자와 마구 늘어지는 치즈가
너무 맛있다며 매일매일 해달라고 주문하는 우리 집 슈퍼갑~^-^

주재료 감자(중 2개), 달걀(1개), 양파(1/4), 베이컨(1줄), 청·홍피망(1/4개씩), 모차렐라 치즈(1컵), 나쵸칩(3조각)

양념 토마토소스(2), 스위트칠리소스, 파슬리가루(약간씩)

recipe

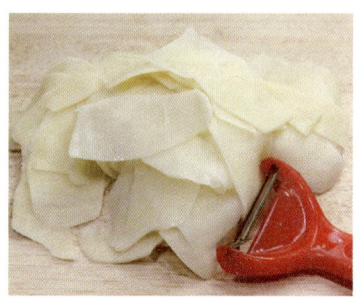

1 감자는 필러로 밀어 얇게 저며 썰고,

2 양파는 가늘게 채 썰고, 피망은 다지 고, 베이컨은 2cm 길이로 썰고,

3 두꺼운 팬에 종이호일을 깐 후, 감자 를 넣고 달걀물을 만들어 붓고,

4 양파와 피망, 베이컨 올리고,

> 가장자리 물기가 보글보글 끓다가 졸아들 때까지 익혀주세요.

5 토마토소스(2)를 고루 펴주고, 모차렐 라치즈를 뿌린 후 뚜껑을 덮고 익혀 서,

6 나쵸칩은 부숴서 얹고, 파슬리가루와 스위트칠리소스 뿌려주면 끝.

 무

무생채

무생채는 만들기 참 쉽고 간단하면서도 활용도가 매우 높은 반찬이지요.
먹고 남은 무생채에 고추장, 참기름 넣고 슥슥 비벼~
에구, 벌써 말만 들어도 침이 넘어가네요.^-^

주재료 무(중 1/3개)
양념 고춧가루(2), 다진 마늘(1), 설탕
(1/2), 소금(적당량)

recipe

1 무는 가늘게 채 썰고,

2 고춧가루 먼저 넣어 빨갛게 물들이고,

3 나머지 **양념** 재료 넣고, 소금 간 맞춰주면 끝.

넙적깍두기

큼직큼직한 크기에 아삭아삭 씹는 소리까지 시원하고 맛있는 설렁탕집에서 먹던 그 깍두기예요.
그런데 왜 집에서 만들면 그 맛이 안 날까요? 이유는 식당에서는 무 절임물로 사이다를 쓰기도 하고,
양념할 때 요구르트를 넣기도 한답니다. 하지만 사이다는 달짝지근하면서 개운한 맛을 주긴 하지만 금방 물러지는
단점이 있어요. 그래서 발효를 도와주고, 달달한 감칠맛도 내는 요구르트를 이용한 방법을 소개해드릴게요.

주재료 무(중 1개), 쪽파(7줄기), 고춧
가루(10), 요구르트(1병)

절임물 굵은 소금(2), 설탕(2)

찹쌀풀 찹쌀가루(3), 물(1컵)

양념 마늘(15개), 생강(1톨), 양파(1/2
개), 배(1/4개), 설탕(1), 소금(1), 새우젓
(2), 까나리액젓(2)

recipe

실온에서 1~2일
숙성시켜 냉장 보관
3일 후부터 드세요.

1 무는 1.5cm 두께의 반달 모
양으로 썰어 **절임물**에 1시
간 정도 절이고,

2 중 · 약불에서 **찹쌀풀**을 걸
쭉하게 만들어,

3 **양념** 재료들 믹서에 갈아서
찹쌀풀과 고춧가루(10), 요
구르트를 넣어 잘 섞고,

4 절인 무의 물기를 따라내고,
양념 넣고 버무려서 4cm 길
이로 썬 쪽파를 넣고 가볍게
섞어주면 끝.

굴깍두기

굴깍두기는 굴이 들어가서 더욱 시원한 건 물론이고 맛과 향도 끝내주죠.
하지만 오래되면 굴의 탄력도 떨어지니
만들어서 보름 되기 전에 드시는게 제일 맛있습니다.
알맞게 숙성되면 아삭아삭 시원할 때 많이 드세요.
영양 많은 굴과 무의 만남이 환상입니다.

주재료 무(중 1개), 굴(200g), 쪽파(10줄기), 굵은 소금(약간), 검은깨(적당량)
무절임 굵은 소금(2), 설탕(2)
양념 고춧가루(1/4컵), 다진 마늘(3), 다진 생강(1/3), 설탕(1), 멸치액젓(2), 배즙(5)

recipe

1 무는 사방 2.5cm 크기로 썰어 **무절임** 재료 넣고, 2시간 정도 절이고,

2 굴은 옅은 소금물에 흔들어 씻어 체에 밭쳐 물기 빼고,

3 절인 무의 물은 따라내고, **양념** 넣어 고루 버무려서,

4 쪽파 3cm 길이로 썰어 고루 섞고,

5 준비해 놓은 굴을 넣어 살살 섞어, 부족한 간은 멸치액젓으로 하고,

6 밀폐용기에 담아 검은깨 뿌리고, 하루 정도 실온에 두었다가 냉장 보관하면 끝.

무쌈말이

언제부턴가 집들이, 생일상, 손님접대상에 자주 오르는
인기메뉴 무쌈말이예요. 담백하고 깔끔한 맛도 맛이지만
아무래도 비주얼의 역할이 큰 거 같죠?^-^
땅콩소스가 제일 무난하지만 어른들이 계시면 겨자소스도 괜찮고요,
내용물도 닭가슴살, 깻잎, 오이 등 취향에 따라 넣어서 예쁘게 말아 내세요.

주재료 쌈무(1/2팩), 달걀(2개), 당근(1/2
개), 삼색파프리카(1/2개씩), 무순(1/2팩),
햄(1/2개), 게맛살(4개), 식용유(적당량)
땅콩소스 땅콩버터(4), 설탕(2), 식초(2),
레몬즙(2), 간장(2), 꿀(2), 연겨자(1/2), 깨
소금, 소금(약간씩)

recipe

1 **땅콩소스** 재료를 넣어 고루 섞고,

2 당근과 파프리카는 채 썰고, 무순도
깨끗이 씻어주고,

3 햄과 게맛살은 길쭉하게 썰어서,

> 당근도 식용유에
> 볶으면 체내흡수율이
> 높아진답니다.

4 달군팬에 식용유를 두르고 햄과 게맛
살, 당근 따로 볶아주고,

5 달걀은 풀어서 소금간하고, 지단 만들
어 도톰하게 채 썰고,

6 물기 뺀 쌈무에 준비한 재료들을 하나
씩 올리고, 무 양옆을 감싸서 땅콩소
스와 내면 끝.

무나물

무나물은 들기름에 달달 볶아만 줘도 고소하고 달큰한데
여기에 들깨가루까지 넣어주면 유명 한식집의 고급스러운 반찬이 만들어집니다.
이것이 들깨가루가 가진 매력인 것 같아요.

주재료 무(중 1/3개), 쪽파(2줄기), 멸치다시마국물(1컵)

양념재료 들깨가루(2), 다진 마늘(1), 들기름(2), 소금(적당량)

recipe

1 무를 도톰하게 채 썰어,

2 **양념재료** 넣고 버무려서 볶다가,

중간에 나무주걱으로 한번 씩 저어주세요.

3 멸치다시마국물(1컵)을 붓고 뚜껑 덮어 끓이고,

4 쪽파 송송 썰어 넣고, 볶아주면 끝.

열무된장나물

열무김치, 열무물김치, 열무된장국 모두 여름 단골메뉴예요. 여기에 하나 더!!
열무를 부드럽게 삶아 된장양념에 무치는 별미반찬 열무된장나물입니다.
열무 한 단 사서 삶아 1/3은 무치고, 나머지는 냉동해뒀다가
언제라도 꺼내서 된장국을 끓이면 왠지 살림 똑 부러지게 한다 싶어요.ㅎㅎ

주재료 열무(1/3단), 굵은 소금(약간)

양념장 된장(1), 고춧가루(1/2), 간장
(1/2), 설탕(1/4), 다진 마늘(1/2), 다진
파(2), 깨소금(1), 참기름(1)

recipe

열무가 크고
뻣뻣하면 15~20분,
여리면 10분 정도
삶아주세요.

1 **양념장** 만들어 고루 섞어 준
비하고,

2 손질한 열무는 굵은 소금 넣
고 끓인 물에 15분 정도 부
드럽게 삶아,

3 찬물에 담가서 쓴맛을 우려
내고,

4 물기 짜내고 먹기 좋게 잘라
양념장 넣어 조물조물 무쳐
주면 끝.

열무물김치

냉동실에 살얼음 살짝 앉게 두었다가 꺼내 먹으면
한여름 더위가 싹 달아나버리는 열무물김치~
익지 않아도 그 아삭하고 풋풋함이 좋고, 새콤하게 익으면
톡 쏘는 개운한 맛이 너무 좋은 매력 넘치는 열무물김치~
우리도 열무물김치 같이 매력적인 사람이 되어야겠어요.^-^

주재료 열무(1단=900g), 쪽파(10줄기), 양파(1개), 홍고추(2개), 청양고추(2개), 굵은 소금(1/2)

멸치다시마국물 국멸치(1컵), 다시마(사방 5cm 2장), 물(12컵)

김칫국물 설탕(1과1/2), 소금(2), 홍고추(3개), 마늘(12개), 생강(1톨), 물(1컵)

찹쌀풀 찹쌀가루(6), 물(3컵)

recipe

박박 주물러 씻으면 풋내가 나서 맛이 없고요. 절이는 중간중간에 위아래를 뒤집어 골고루 절여주세요.

1 뿌리가 굵은 열무는 칼로 긁어 껍질을 벗기고, 6cm 길이로 썰어서, 살살 씻어서 굵은 소금(1/2)을 뿌려 1시간 반 정도 절이고,

2 쪽파는 4cm 길이로 썰고, 양파는 채 썰고, 고추는 어슷 썰어 준비하고,

끓고 2분 뒤에 다시마 건지고, 국멸치는 10분 더 끓여 체에 걸러 주세요.

3 **멸치다시마국물** 만들어 식히고,

4 **찹쌀풀** 재료를 넣고 덩어리지지 않게 저어 걸쭉하게 만들어 식혀두고,

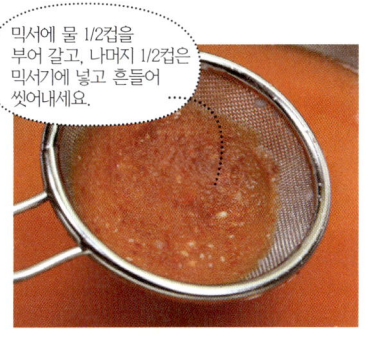

믹서에 물 1/2컵을 부어 갈고, 나머지 1/2컵은 믹서기에 넣고 흔들어 씻어내세요.

5 멸치다시마국물에 찹쌀풀 섞고, 설탕과 소금으로 간하고, 홍고추와 마늘, 생강은 믹서에 갈아 체에 밭쳐 김칫국물 만들고,

여름에는 하루나 반나절 실온에서 익힌 후 냉장보관하세요.

6 절인 열무의 물기는 따라내고 밀폐용기에 양파, 쪽파, 고추와 섞어 담고, 김칫국물을 부어주면 끝.

배추나물

다듬고 삶아서 찬물에 헹궈 무쳐내는 배추나물은 비교적 손이 많이 가야 만들어져요.
하지만 제가 만드는 방법은 소금에 절였다가 볶듯이 끓여서 만드는 요리법이에요.
비타민 파괴도 적고, 맛도 좋은 건강한 나물 반찬을 만드는 방법이에요.

주재료 배추(5장)

양념 소금(1/2), 다진 마늘(1/2), 다진 파(1), 참기름(1), 깨소금(적당량)

recipe

1 깨끗이 씻어준 배추는 굵게 채 썰고,

2 배추에 소금을 뿌려 절였다가,

3 다진 마늘, 다진 파를 넣고 5분 정도 끓여서,

4 참기름, 깨소금 뿌려 볶아주면 끝.

알배추생채

시어진 김치가 지겨워질 때면 엄마는 겨울을 위해 신문지에 꽁꽁 싸두었던
노랗고 고소한 알배추를 꺼내서 쫑쫑 썰어 생채를 해주셨어요.
고소하고 아삭아삭한 그 맛이 좋아 밥 한 그릇 다 먹고도 생채만 한참 집어먹던 기억이 나요.

주재료 알배추(1/2포기), 쪽파(3줄기),
통깨(적당량), 참기름(1)

양념 고춧가루(2), 간장(2), 국간장(1/2),
다진 마늘(1/2), 식초(1), 설탕(1/2)

recipe

1 한 잎씩 떼어낸 알배추는 깨
끗이 씻어 반 갈라 채 썰고,

2 쪽파도 송송 썰어 준비하고,

3 **양념**을 넣고 고루 버무려,

4 쪽파, 통깨, 참기름(1) 넣고
가볍게 버무리면 끝.

배추전

별거 없이 배추하나만으로 구수하고, 달큰한 배추전이에요.
쭉쭉 찢어 먹는 것이 정겹기까지 하죠.
벌써 몇 장째인지 네버엔딩 앵콜 요청에 입도 손도 바빠요 바빠.^-^

주재료 배춧잎(6장), 식용유(적당량)

반죽재료 물(2/3컵), 밀가루(1), 소금
(1/4)

양념간장 간장(2), 고춧가루(1), 맛술
(1), 통깨(1/2), 참기름(약간)

recipe

1 **반죽재료**를 넣고 덩어리지
지 않게 잘 풀어서,

2 배춧잎 뒤쪽 두꺼운 부분은
빚어내고, 칼등으로 두드려
평평하게 만들어,

3 반죽에 배춧잎을 넣고 골고
루 묻힌 후,

4 중간 불로 달군 팬에 식용유
를 두르고 앞뒤로 지져서 **양
념간장** 만들어 곁들이면 끝.

배추속대국

구수한 멸치다시마국물에 달큰하고 시원한 배추를 넣어 끓인 배추속대국은
우리 모두의 고향을 떠오르게 합니다. 그리고 나의 어머니…
말하지 않아도 내 속을 편안하게 달래주고 풀어주는 그런 국입니다.

주재료 배춧잎(8장), 대파(1대)

국물재료 국멸치(1줌), 다시마(사방 5cm 2장 분량), 건새우(1/2줌), 물(6컵)

양념재료 된장(2), 고춧가루(1), 다진 마늘(1)

깔끔한 국물을 만들려면 된장과 고춧가루는 체에 걸러주세요.

recipe

1 **국물재료**를 넣고 끓여 다시 국물 만들어 두고,

2 배춧잎은 반 갈라 어슷 썰고, 대파도 어슷 썰고,

3 다시국물에 **양념재료**를 넣고 끓이다가,

4 배춧잎이 투명해지면 대파 넣고 한소끔 끓여주면 끝.

얼갈이겉절이

얼갈이배추는 오래 저장하는 김치와 달리 며칠 잠깐 먹거나 즉석 겉절이를 주로 하는데요.
수분함량이 높아 겉절이를 하면 참 신선하고 감칠맛이 나요.
같은 양념으로 이른 봄과 가을에 나오는 고소함이 추가된 봄동으로 봄동겉절이도 만들어 드세요.

주재료 얼갈이배추(1단=350g), 쪽파(5줄기), 소금, 통깨(약간씩)

양념장 고춧가루(4), 까나리액젓(2), 설탕(1/2), 매실청(2), 다진 마늘(1), 참기름(1)

recipe

1 얼갈이배추는 다듬고 씻어서 먹기 좋게 썰고,

2 쪽파도 4cm 길이로 썰어 준비하고,

3 **양념장** 미리 만들어두고,

4 먹기 직전에 버무려서 소금 간하고 통깨 뿌려주면 끝.

얼갈이된장국

배추는 섬유소와 비타민, 칼슘 등이 풍부하지만 단백질이 부족해
콩단백질이 풍부한 된장과 함께하면 영양의 보완이 된답니다.
특히 얼갈이배추는 국을 끓였을 때 다른 채소에 비해 영양소 손실이 적어 국거리로 좋고,
특히 된장국이나 사골우거지국, 감자탕에도 잘 어울려요.

주재료 얼갈이배추(1/2단), 들깨가루
(2), 굵은 소금(약간)

멸치다시마국물 물(6컵), 국멸치(1줌),
다시마(사방5cm 1장), 건고추(2개)

양념 된장(2), 다진 마늘(1), 국간장
(약간)

recipe

줄기 부분부터
넣어 주세요.

1 굵은 소금 넣어 끓인 물에
얼갈이배추를 넣고 살짝 데
쳐,

2 찬물에 담갔다가 물기를 짜
내고 먹기 좋게 썰어서,

3 **멸치다시마국물** 만들어 체
에 걸러 된장을 풀고, 다진
마늘 넣고 끓이다가,

4 얼갈이배추를 넣고 부족한
간은 국간장으로 하고, 들깨
가루(2)를 넣어주면 끝.

맛김치

김장김치보다 신선한 김치가 생각날 때 등장하는 상큼한 맛김치!
겉절이처럼 먹다가 살짝 맛이 들면 더 상큼해져서
라면과 환상궁합을 이루는 맛김치!
시작은 두렵고, 과정은 너저분하고 어설퍼도
담가놓으면 무지 뿌듯한 맛김치!

주재료 배추(1통), 대파(1대), 쪽파(8줄기), 소금(적당량)
절임물 물(2리터), 굵은 소금(1컵)
찹쌀풀 멸치국물(1컵), 찹쌀가루(1)
김치양념 고춧가루(6), 까나리액젓(2), 새우젓(1), 다진 마늘(4), 생강즙(1), 양파즙(3), 배즙(3), 설탕(1), 매실청(3)

recipe

1 배추는 가닥가닥 떼어내 깨끗이 씻어 먹기 좋은 크기로 잘라 **절임물**을 부어 2시간 정도 절이고,

> 국멸치(1줌)와 물(2컵) 붓고 푹 끓여 진한 멸치국물(1컵) 만들어서 넣어주세요.

2 중·약불에서 고루 저어 **찹쌀풀**을 만들어 식히고,

3 **김치양념**에 찹쌀풀을 넣고 미리 섞어 고춧가루 불려 주고,

4 대파는 어슷 썰고, 쪽파는 4cm 길이로 썰고,

5 절인 배추는 그대로 절임물만 따라낸 후, 쪽파와 대파 넣고 섞어서,

6 불려둔 김치양념 넣고 버무린 후, 부족한 간은 소금으로 맞춰주면 끝.

묵은지된장볶음

김장김치가 겨울을 나고, 봄을 지나 여름이 되어 묵은지가 되면 찌개나 찜에는 괜찮지만
그냥 먹기에는 좀 그래서 상큼한 신상 김치들에게 밀려나지요.
하지만 묵은지된장볶음이면 묵은지가 남아나질 않아요. 한번 맛본 옆 동에 사는 빈이 엄마도
말로 들은 레시피는 잘 모르겠다며 요리책이 나오길 얼마나 기다렸는지 몰라요.^-^

주재료 묵은지(1/4포기), 다듬은 중
멸치(1컵), 쪽파(3줄기), 다시마국물(2
컵)

양념재료 된장(1/3), 들기름(2), 설탕
(1과1/2)

recipe

다시마사방 5cm
1장를 찬물(2컵)에
담갔다가 그대로 끓여
2분 뒤 다시마는
건져내세요.

1 묵은지는 찬물에 여러 번 헹
궈 한나절 담가뒀다가, 1cm
두께로 썰어 멸치와 함께 **양
념재료**에 버무리고,

2 버무린 묵은지를 달달 볶
다가,

3 다시마국물(2컵)을 붓고, 뚜
껑을 덮어 푹 익혀서,

4 국물이 자작해지면 송송 썬
쪽파 넣고 버무리듯 볶아주
면 끝.

양배추비빔만두

시판용 군만두를 노릇하고 맛있게 구워,
양배추와 신선한 야채를 매콤달콤하고, 새콤한 비빔소스에 비벼 먹는 비빔만두예요.
몇 개 먹다보면 느끼해서 더는 못 먹는 군만두와 달리 자꾸 자꾸 집어먹게 되는 단점이 있습니다.^-^

주재료 양배추(1줌), 적양배추(1줌), 양파(1/4개), 당근(1/4개), 깻잎(15장), 무순(1/2팩), 냉동만두(15개), 식용유 (적당량)

비빔소스 다진 마늘(1/2), 고추장(2), 식초(2), 설탕(1/2), 올리고당(1), 맛술 (1), 참기름(1/2), 후춧가루, 통깨(약간 씩)

recipe

1 양배추와 야채들을 깨끗이 씻어 곱게 채 썰고,

2 **비빔소스** 만들어서 야채에 넣고 버무려서.

3 달군 팬에 식용유 넉넉히 둘 러 냉동만두를 앞뒤로 노릇 하게 구워 비빔야채와 함께 내면 끝.

양배추우렁쌈밥

우렁살을 넉넉하게 넣고 강된장을 만들었어요.
자, 이제 양배추 쌈과 함께 쌈야채 골고루 준비해서
팔 걷어 부치고 야무지게 싸서 열정적으로 식사하실 시간입니다.
열어놓은 베란다 문 사이로 시원한 바람이 불어오니
쌈밥 들고 소풍이라도 나온 기분이에요.^-^

주재료 양배추(1/2통), 우렁살(1컵), 애호박
(1/3개), 양파(1/4개), 대파(1/2대), 홍고추(1
개), 청양고추(2개), 쌈야채(적당량), 쌀가루
(1/2), 굵은 소금(약간)

밑간양념 다진 마늘(1), 맛술(2), 국간장(1),
참기름(1), 후춧가루(약간)

양념재료 된장(3), 고추장(1), 고춧가루(1),
멸치다시마국물(1과1/2컵)

recipe

1 양배추는 3등분해서 김 오른 찜기에
쪄서 식혀두고,

2 소금물에 흔들어 씻은 우렁살은 끓는
물에 살짝 데쳐서,

3 물기 뺀 우렁살을 **밑간양념**에 재워두
고,

4 애호박과 양파는 우렁이와 같은 크기
로 썰고 대파, 고추는 송송 썰어 준비
하고,

5 **양념재료**를 넣고 끓이다가 우렁살 넣
고 바글바글 끓여,

6 준비한 야채와 쌀가루(1/2) 넣고, 되직
하게 만들어 양배추와 쌈야채를 곁들
이면 끝.

고춧잎나물

고춧잎에는 비타민 A, C, 베타카로틴, 칼슘, 식이섬유 등의 영양소가 풍부한데
특히 비타민 A가 풋고추보다 700배가 더 많답니다.
비타민 A는 면역력을 증가시키고, 베타카로틴은 자궁경부암을 예방하는 효과가 있으니
고춧잎이라고 우습게 볼일이 아니었네요.

주재료 고춧잎(150g), 굵은 소금, 통깨(약간씩)

양념장 고추장(1), 간장(1/2), 매실청(1), 다진 마늘(1/2), 다진 파(1)

recipe

> 고춧잎을 넣고 끓어오르면 바로 건져 찬물에 넣으세요.

1 굵은 소금 넣고 끓인 물에 고춧잎을 살짝 데쳐,

2 찬물에 헹궈 물기 짜고,

3 **양념장** 만들어 조물조물 무쳐서,

4 통깨 뿌려주면 끝.

아삭이고추된장무침

'오이고추'라고도 하는 아삭이 고추는 맵지 않고 수분이 많아
식감이 좋아서 쌈장에 그냥 찍어 먹어도 참 좋아요.
하지만 먹기 좋게 썰어 된장양념에 무쳐주면 먹기 편하고 맛있어서 인기 만점 밑반찬이 된답니다.

주재료 아삭이고추(6개)

양념장 된장(2), 올리고당(1), 다진 마
늘(1), 참기름(1), 통깨(1)

recipe

1 깨끗이 씻어 꼭지 뗀 고추는
물기를 빼고 송송 썰고,

2 **양념장** 만들어서,

3 고추에 양념장 넣어 고루 섞
어주면 끝.

물기를 완전히
제거하지 않으면
양념했을 때 싱거워서
맛이 없어요.

잔고추멸치볶음

꽈리고추, 잔고추, 청양고추 모두 볶음용으로 좋아요.
비타민 C가 풍부한 고추와 볶아 만든 멸치볶음은
몸에도 좋고 맛도 좋아 어른들이 좋아하는 베스트 밑반찬입니다.

주재료 잔고추(20개), 중멸치(2컵),
마늘(5개), 들기름(2), 소금, 통깨(약
간씩)

조림장 간장(2), 맛술(1), 올리고당(2)

recipe

1 마늘은 얇게 저며 썰고, 고
추는 꼭지 떼고 포크로 구멍
을 내서 준비하고,

2 달군 팬에 들기름(2) 두르고,
마늘 볶아 향을 내고,

3 고추 넣어 볶다가 소금간하
고, 멸치도 넣어 볶다가 **조
림장** 넣고,

4 조림장 자작하게 졸여 통깨
뿌리면 끝.

꽈리고추찜

윤기가 자르르하게 고추찜은 언제 먹어도 밥도둑이죠.
갓 지은 뜨거운 밥에 얹어 먹으면
꿀도 안 넣었는데 꿀맛이랍니다.^-^

주재료 꽈리고추(25개), 밀가루(3)
양념장 다진 마늘(1/2), 다진 파(1),
간장(2), 올리고당(1), 고춧가루(1), 참
기름(1), 깨소금(1)

recipe

물기가 약간 있는
상태에서 밀가루 옷이
잘 입혀져요.

뜨거울 때 양념해야
간이 잘 배니 숟가락으로
고루 섞어주세요.

1 꼭지를 뗀 꽈리고추는 깨끗
이 씻어 포크로 구멍을 내고,
밀가루(3) 솔솔 뿌려 도톰하
게 옷을 입혀, 김 오른 찜기
에 5분 정도 쪄주고,

2 꽈리고추 찌는 동안 **양념장**
만들어서.

3 뜨거울 때 양념장 붓고, 숟
가락으로 섞어주면 끝.

고추장아찌

간장물을 끓여서 붓기만 하면 되는데 어렵게 느껴지시죠?
하지만 막상 해보시면 그리 어렵지도 않고, 한번 만들면 오래두고 먹을 수 있어서 좋아요.
중간에 한 번 더 간장물을 따라내서 끓여주는 과정이 번거롭다 하시지만 불순물을 없애서 상하지 않고,
발효가 잘 되어 오래두고 먹을 수 있는 역할을 하기 때문에 지나쳐서는 안되는 과정이에요.

주재료 풋고추(50개)
간장물 간장(4컵), 물(2컵), 설탕(1컵),
식초(1컵)

recipe

1 풋고추는 깨끗이 씻어 물기를 빼서 이쑤시개로 구멍을 내고,

2 간장물은 팔팔 끓여 식혀서,

손가락을 넣었을 때
따뜻한 정도의 온도일 때
부어주세요.

3 식힌 간장물을 붓고 서늘한 곳에서 1주일 숙성시킨 후, 간장물만 따라내서 다시 끓여 부어주면 끝.

쪽파겉절이

쪽파겉절이는 파김치와는 달리
신선하게 후다닥 만들어 먹는 상큼한 즉석 반찬이에요.
특히 고기들과의 조화가 끝내주지요.

주재료 쪽파(20줄기), 통깨(약간)
양념장 고추장(1과1/2), 고춧가루(1/2),
식초(1/2), 설탕(1/2)

recipe

1 깨끗이 씻은 쪽파는 5cm 길
이로 썰고,

2 분량대로 **양념장**을 만들어
서,

3 고루 버무려 통깨 뿌려주면
끝.

먹기 직전에
버무려야 숨이
죽지 않고 아삭해요.

미니해물파전

추적추적 비가 오는 날, 블링블링 햇살좋은 날에도
사이즈가 크지 않아 부담스럽지 않게 전처럼 반찬처럼 먹을 수 있는 미니사이즈 파전이에요.
이 대목에서 갑자기 생각나는 노래~ 안주인 듯 안주 아닌 안주 같은 너~^-^♪

주재료 쪽파(15대), 칵테일새우(1줌), 바지락살(1줌), 달걀(1개), 굵은 소금(약간), 식용유(적당량)

반죽재료 밀가루(1컵), 물(1컵), 소금(약간)

초간장 간장(2), 식초(2), 설탕(1), 물(2)

recipe

1 다듬어 깨끗이 씻어 준 쪽파는 5cm 길이로 썰고,

2 칵테일새우와 바지락살은 옅은 소금물에 씻어 끓는 물에 데쳐주고,

3 **반죽재료** 섞어 반죽 만들고, 달걀 풀어 달걀물도 준비하고,

4 달군 팬에 식용유를 두르고 반죽을 한 숟가락 떠놓고, 쪽파→새우, 바지락살→달걀물순으로 얹어 앞뒤로 지져 **초간장**과 함께 내면 끝.

파강회

쫄깃한 오징어와 아삭하고 달큰한 쪽파의 조화는 그야말로 환상이에요.
쪽파가 원래 육·어류의 비린 맛을 잡아주는 역할을 하거든요.
만드는 과정도 재미있고 하나씩 집어 먹기도 편해서 특별한 날이나 손님상에도 좋은 요리예요.

주재료 쪽파(25줄기), 오징어(2마리),
굵은 소금(약간)

초고추장 고추장(2), 다진 마늘(1/2),
식초(1), 설탕(1/2), 올리고당(1), 레몬즙
(1/2), 통깨(1/2)

흰 쪽부터 감기
시작해서 마지막에는
젓가락으로 밀어 넣어
마무리하세요.

recipe

1 굵은 소금 넣고 끓인 물에
다듬어서 씻어놓은 쪽파를
밑동부터 데친 후,

2 찬물에 헹궈 가볍게 물기를
짜고,

3 껍질 벗긴 오징어도 반 갈라
2cm 두께로 썰어서 끓는 물
에 살짝 데쳐주고,

4 오징어에 쪽파를 돌돌 감아
초고추장과 곁들이면 끝.

풋마늘대무침

봄의 시작을 알려주는 풋마늘대는 그 풋풋한 마늘 내음이 봄향기를 닮았어요.
살짝 데쳐 된장, 고추장, 참기름에 조물조물 무쳐주면
구수하면서도 달콤 쌉싸름한 그 맛이 봄철 나른한 입맛에 딱~ 이에요.

주재료 풋마늘대(7대), 굵은 소금(약간)

양념장 된장(1), 고추장(1), 참기름(2), 통깨(1)

recipe

1 **양념장**을 만들어 준비하고,

2 굵은 소금 넣고 끓인 물에 풋마늘대 넣고 데쳐서,

3 가볍게 물기 짠 후 4cm 길이로 썰어,

4 양념장에 조물조물 무쳐주면 끝.

마늘종볶음

마늘종은 세포의 노화를 방지하고 원기회복에 좋다는 대표적인 항암식품인
마늘의 꽃대에 해당합니다. 마늘종은 마늘의 효능이 고스란히 들어 있고 식이섬유도 많으며,
몸을 따뜻하게 해주어 여자에게는 더없이 좋은 보약 같은 식재료예요.

주재료 마늘종(1줌=150g), 건새우
(1/2컵), 식용유, 통깨(적당량), 굵은
소금(약간)

양념장 간장(2), 올리고당(1/2), 맛술
(1), 참기름(1/2)

recipe

마늘종은 살짝
볶아야 색감이
살고, 아삭해요.

1 마늘종을 3cm 길이로 썰어
끓는 소금물에 30초 정도
데쳐 찬물에 헹궈 물기 빼
고,

2 건새우는 마른 팬에 볶아
체에 받쳐 부스러기를 제거
하고,

3 달군 팬에 식용유를 두르고
마늘종과 건새우 볶다가,

4 **양념장** 넣고 볶아서 불 끄고
통깨 뿌리면 끝.

마늘종장아찌무침

마늘종의 아린 맛은 뒤로하고 아삭함만을 그대로 살린 마늘종장아찌야말로
마늘종 반찬에 절정이라 할 수 있지요.
마늘종을 아삭하게 절여서 매콤달콤한 고추장양념장에
조물조물 무쳐주면 밥도둑이 만들어져요.^-^

주재료 마늘종(1/2단=250g), 풋고
추(5개)

삭힘물 소금(1/4컵), 물(5컵), 식초(1
컵)

양념장 고추장(3), 고춧가루(2), 간장
(1), 매실청(2), 설탕(1)

recipe

1 마늘종은 4cm 길이로 썰고,
풋고추는 꼭지만 약간 남기
고,

2 유리병이나 밀폐용기에 담
아 **삭힘물** 끓여서 붓고, 돌
이나 접시로 눌러 실온에서
숙성시키고,

3 5일 정도 지나 마늘종 꺼내
서 물기 빼고,

4 **양념장** 만들어서 무쳐주면
끝.

통마늘장아찌

초여름에 나오는 햇마늘로 담그는 완소반찬 통마늘장아찌예요.
고기 먹을 때나 입맛 없을 때 새콤하고 아삭한 맛으로 입맛 제대로 살려주고요.
숙성 후 만들어지는 간장물은 부침개를 찍어먹거나 무침반찬을 만들 때 사용해도 맛있어요.
국물 한 방울 버릴 것 없는 이런 완소 반찬을 위해서라면 좀 번거롭고 기다리더라도 괜찮습니다.

주재료 통마늘(12개), 간장(삭힘물의 1/3 분량)

삭힘물 물(2와1/2컵), 식초(2와1/2컵), 설탕(2컵)

이때부터 먹어도 되지만, 2주 후에 한 번 더 간장물을 따라내 끓여주면 1년이 넘어도 변함이 없어요.

recipe

1 통마늘의 마늘대는 짧게 자르고, 가장 안쪽 부드러운 껍질만 남기고 벗겨서,

2 유리병에 마늘을 담고, **삭힘물** 부어, 마늘이 뜨지 않게 돌로 누르고 뚜껑 닫아 1주 일간 삭히고,

3 삭힘물 1/3은 따라버리고, 버린 만큼 간장으로 채워서 냄비에 삭힘물과 간장 모두 부어 바글바글 끓여서 차갑게 식혀주고,

4 식힌 간장물 붓고 한달간 더 삭히면 끝.

구운마늘샐러드

마늘은 다다익선이라는 말이 딱 맞는 식품이지요.
하지만 생으로 무작정 먹기에는 맵고 아린게 유일한 단점이에요.
그래도 구워서 먹으면 고소하면서 단맛도 나고 쫄깃하기까지 하니
편으로 썰어 노릇하게 구워 샐러드 위에 견과류 뿌리듯이 마구 뿌려 먹자고요.^-^

주재료 마늘(10개), 어린잎채소(1줌),
딸기(8개), 식용유(적당량)

허니프렌치드레싱 올리브유(2), 꿀(1),
레몬즙(1/2), 소금, 후춧가루(약간씩)

recipe

1 마늘을 편으로 썰어, 달군
팬에 식용유 둘러 노릇하게
굽고,

2 어린잎채소는 깨끗이 씻어
물기 빼고, 딸기도 먹기 좋
게 잘라 준비하고,

드레싱을 냉장고에
두어 차게 해주면
느끼하지 않고
상큼해져요.

3 어린잎채소와 딸기 담고, 구
운 마늘을 올려 **허니프렌치
드레싱** 부어주면 끝.

영양부추무침

오늘 저녁에는 부드러운 영양부추무침을 만들어서
된장찌개나 강된장 보글보글 끓여 함께 내보세요.
가족들이 자꾸만 비벼 먹을 양푼을 달라고 아우성일 거예요.^-^

주재료 영양부추(1단), 양파(1/2개)
양념장 간장(2), 설탕(1), 고춧가루(1/2),
식초(1), 깨소금(1)

recipe

1 깨끗이 씻은 영양부추는 먹
기 좋게 썰고,

2 양파는 가늘게 채 썰어 찬물
에 담갔다 물기 빼고,

3 **양념장** 만들어서 부추와 양
파에 무쳐주면 끝.

> 영양부추는
> 가늘고 부드러우니
> 먹기 직전에 가볍게
> 무쳐내세요.

부추양파샐러드

고기와 함께 먹으면 그만인 고기 짝꿍 부추양파샐러드예요.
겨자소스 만들어 뿌려주기만 하면 되는 아주 간단한 요리인데 고기 먹을 때 요거 없으면 굉장히 서운하죠.
캠핑 갈 때 소스와 채소 따로 챙겨 가면 완전 센스쟁이 된다는 거~

주재료 부추(2줌), 양파(1/2개)
겨자소스 연겨자(1), 설탕(2), 간장 (1/2), 소금(1/3), 식초(2), 레몬즙(1), 물(3)

recipe

1 **겨자소스** 만들어 차게 냉장 보관하고,

2 양파는 채 썰어 찬물에 담갔 다 물기 빼고, 부추는 4cm 길이로 썰고,

3 부추와 양파에 찬 겨자소스 뿌려주면 끝.

겨자소스에 다진 마늘을 넣고 냉장고에서 숙성시간을 오래 가지면 더욱 맛있어요.

부추전

부추는 비타민과 무기질이 풍부해서 피로회복에도 좋지만 항암효과까지 있다고 합니다.
가진 능력에 비해 저렴해서 참 고마운 부추를 잔뜩 넣고
쫄깃하고 맛있는 부추전 많이 만들어 먹어야겠어요.

주재료 부추(2줌), 청양고추(3개), 오징어(1마리), 식용유(적당량)

반죽재료 밀가루(1컵), 튀김가루(1컵), 물(2와1/2컵), 달걀(1개), 국간장(1), 소금(약간)

recipe

1 부추는 4cm 길이로 자르고, 청양고추는 다지고,

2 오징어도 먹기 좋게 썰고,

3 반죽재료와 부추, 오징어 넣어 반죽 만들고,

3 달군 팬에 식용유 두르고 앞뒤로 노릇하게 지져주면 끝.

부추잡채

잔칫상에 빠지지 않는 일반적인 한식잡채가 아니고요,
중국집에서 꽃빵과 함께 먹던 그 부추잡채예요.
꽃빵에 싸서 먹으면 한 끼 식사로도 충분하죠.
온 가족 함께하는 주말 메뉴로 어떠세요?

주재료 부추(1/2단), 돼지고기(잡채용 150g), 대파(1/2대), 생강(1/2톨), 양파(1/2개), 꽃빵(8개), 참기름(1/2), 식용유(적당량)
밑간양념 간장(1), 맛술(1), 녹말가루(1/2)
양념 간장(2), 굴소스(1), 설탕(1/2), 청주(1), 후춧가루(약간)

recipe

1 채 썬 돼지고기에 **밑간양념**을 해서 준비하고,

2 대파, 생강, 양파는 가늘게 채 썰고, 부추도 4cm 길이로 썰고,

3 꽃빵은 김 오른 찜솥에 넣어 쪄두고,

4 달군 팬에 식용유 두르고 채 썬 대파와 생강 볶아 향을 내고,

5 돼지고기 함께 넣어 볶다가 양파도 넣어 **양념**하고,

> 살짝만 볶아 얼른 접시에 담아 주세요. 팬에 오래두면 푹 익어 식감이 좋지 않아요.

6 부추 넣고 버무리듯 살짝 볶아, 불을 끄고 참기름(1/2) 둘러주면 끝.

표고버섯찌개

끓일수록 부드럽고 쫄깃한 식감이 살아나는 표고버섯으로
찌개를 끓이면 그 맛이 일품이죠. 그윽한 버섯의 향과 소고기와
채소가 우려내는 국물 맛이 끝내주거든요.
표고버섯을 고를 때에는 갓이 너무 크지 않고
끝 부분이 갈라지지 않은 중간 크기로 하세요.

주재료 표고버섯(10개), 소고기(50g), 애
호박(1/3개), 대파(1/2대), 홍고추(1/2개),
소금, 후춧가루(약간씩), 멸치다시마국물
(6컵)

밑간 참기름, 소금, 후춧가루(약간씩)

양념장 다진 마늘(1), 고추장(1/2), 고춧가루
(1), 국간장(1), 맛술(1)

recipe

1 먹기 좋게 썬 소고기와 채 썬 표고버
섯에 **밑간**을 하고,

2 애호박은 반달로 썰고, 홍고추와 대파
는 어슷 썰어 준비하고,

3 밑간한 소고기를 먼저 볶다가,

4 멸치다시마국물(6컵)을 붓고 **양념장**
풀어서 끓이고,

5 국물이 끓어오르면 애호박, 표고버섯
을 넣고,

6 부족한 간은 소금, 후춧가루로 해서,
홍고추, 대파 넣어 한소끔 끓이면 끝.

버섯육개장

우리 집 단골메뉴 육개장!
한 그릇에 이것저것 많이 들어가니 보양국이 따로 없어요.
육개장에 고사리와 토란대가 꼭 들어가야 한다는 건
그냥 편견일 뿐 버섯육개장도 훌륭해요.
여러 버섯들 고루 넣어주면 이것 또한 영양도 맛도 끝내주거든요.
아무래도 버섯은 구하기 쉬운 재료여서 부담 없이
더 자주 끓이게 되네요. ^-^

주재료 느타리버섯(1줌), 표고버섯(5개), 새송이버섯(2개), 팽이버섯(1봉), 소고기(사태 500g), 숙주(150g), 대파(1대), 홍고추 · 풋고추(2개씩)

국물재료 양파(1/2개), 대파(1대), 마늘(5개)

양념장 고춧가루(3), 고추장(1), 고추기름(1과1/2), 다진 마늘(1), 소금(1), 국간장(2), 참기름(1)

recipe

버섯을 데쳐서 넣으면 훨씬 쫄깃해요(팽이버섯은 제외).

육수로 쓸 사태 삶은 물은 넉넉히 준비해서 따로 걸러 주세요.

1 찬물에 담가 핏물을 뺀 사태살은 **국물재료** 넣고 센 불에서 끓이다가 중불에서 30분 이상 푹 삶고,

2 버섯들은 먹기 좋게 자르거나 찢어 끓는 물에 살짝 데치고,

3 대파와 고추는 어슷 썰어 준비하고,

4 숙주는 끓는 물에 살짝 데치고,

5 삶은 사태는 결대로 찢어, 데쳐놓은 숙주, 버섯과 함께 **양념장**에 버무려 준비하고,

6 사태 삶은 물에 준비한 재료 넣고, 끓어오르면 고추와 대파, 팽이버섯을 넣어 한소끔 끓여내면 끝.

버섯모둠잡채

잡채와 버섯을 너무 좋아하는 우리 딸을 위해
만들게 된 요리입니다.
고기 한 점 안 들어갔는데도 얼마나 맛있는지 몰라요.
만가닥버섯, 황금송이버섯 등 요즘 마트에 가면 정말 다양한 버섯이
많아요. 저도 다음에는 신상 버섯들도 넣어봐야겠어요. ^-^

주재료 표고버섯(5개), 애느타리버섯(1팩),
새송이버섯(2개), 팽이버섯(1봉), 삼색파프
리카(1/2개씩), 당면(1줌=100g), 참기름(1/2),
소금, 후춧가루(약간씩), 식용유(적당량)

양념장 간장(3), 굴소스(1), 설탕(1과1/2), 다
진 마늘(1/2), 참기름(1), 후춧가루(약간)

recipe

1 표고버섯, 새송이버섯은 채 썰고, 팽
이버섯은 밑동 잘라내고 찢어서 준비
하고,

2 애느타리버섯은 가닥가닥 찢어서 끓는
물에 데쳐 찬물에 헹궈 물기 빼고,

3 불린 당면은 끓는 물에 삶아 물기 빼
고, 먹기 좋게 잘라서 참기름(1/2)에 버
무리고,

4 달군 팬에 식용유 두르고 채 썬 파프
리카에 소금, 후춧가루로 간을 해서
볶고,

5 버섯들도 소금간해서 따로 볶아 준비
하고,

6 준비한 당면, 파프리카, 버섯 모두 넣
고 **양념장**에 볶아주면 끝.

애느타리버섯전

재료들이 다양해서 색감도 예쁘지만, 간단하게 재료손질만해서
달걀에 버무려 지져주기만 해도 뚝딱 만들어지니,
손님 오셨을 때나 밑반찬으로 제가 아주 애정하는 전이에요. ^-^

주재료 애느타리버섯(1팩), 부추(1줌), 게맛살(2개), 슬라이스 햄(2장), 당근 (1/4개), 달걀(2개), 소금(약간), 식용유 (적당량)

양념 소금, 후춧가루(약간씩)

초간장 간장(2), 식초(1), 물(1), 설탕 (1/2)

recipe

전에 쓸 버섯은 미리 데쳐주어야 전 모양이 예뻐요.

1 햄과 당근은 채 썰고, 부추는 3cm 길이로 썰고, 게맛살은 찢어서 준비하고,

2 애느타리버섯은 가닥가닥 뜯어서 끓는 물에 데쳐 찬물에 헹궈, 물기 꼭 짜서 **양념**하고,

3 준비한 재료 모두 넣고 달걀, 소금 넣어 반죽을 만들어서,

4 달군 팬에 식용유 두르고 반죽을 한 숟가락씩 놓고 앞뒤로 지져 **초간장**과 함께 내면 끝.

브로콜리무침

샐러드 같기도 하고, 짭짤한 게 반찬 같기도 한 브로콜리무침~
소스에 따라 다양한 맛을 그대로 표현해주는 것 또한 브로콜리가 가진 매력인 듯합니다.

주재료 브로콜리(소 1송이=100g), 양파(1/4개), 견과류(1줌), 굵은 소금 (약간)

소스재료 된장(1/2), 마요네즈(2), 다진 마늘(1/3), 올리고당(1)

recipe

1 송이송이 나눈 브로콜리를 굵은 소금 넣고 끓인 물에 30초 정도 데쳐 찬물에 헹궈 물기 빼고,

2 **소스재료** 넣어 소스 만들어서,

3 채 썬 양파와 브로콜리를 넣고 소스에 버무려 견과류 뿌려주면 끝.

물기가 있으면 소스가 묽어져 맛이 없으니 완전히 제거하세요.

브로콜리소고기볶음

브로콜리는 타임지가 선정한 슈퍼푸드로 그야말로 영양덩어리인데요.
그중 주목할 것은 다른 식품에서는 거의 찾아보기 힘든 셀레늄이 함유되어 있는 거예요.
셀레늄은 항암 뿐 아니라 노화방지에도 좋으니 모두들 브로콜리 많이 드세요.^-^

주재료 브로콜리(1송이=250g), 소고기(불고기용 100g), 식용유(적당량)

밑간양념 간장(1), 맛술(1), 후춧가루(약간)

양념장 간장(1), 다진 마늘(1), 굴소스(1), 올리고당(1/2), 설탕(1/2), 참기름(1/2), 소금(약간)

recipe

1 브로콜리의 딱딱한 뿌리 부분은 자르고, 송이송이 잘라서 깨끗이 씻어 준비하고,

2 소고기는 **밑간양념**해서 달군 팬에 식용유 두르고 볶다가,

3 브로콜리와 **양념장** 넣고 볶아서 통깨 뿌리면 끝.

브로콜리수프

아이들에게 브로콜리를 그냥 주면 잘 먹지 않죠.
그런데 브로콜리를 갈아서 수프로 만들어주면 잘 먹어요.
특히 치즈 맛이 강하면 더욱 맛이 좋으니 아이들에게는 체다슬라이스치즈를 건더기처럼 잘라서 넣어주세요.

주재료 브로콜리(1/3송이), 감자(1개),
양파(1/4개), 버터(1), 우유(2컵), 물(1/2
컵), 체다스라이스치즈(1장)

양념재료 생크림(2), 파르메산치즈
가루(3), 소금, 후춧가루(약간씩)

> 우유는 1컵 먼저 넣어
> 갈고, 믹서 속에 재료를
> 모두 꺼낼 때 남은 1컵을
> 넣고 흔들어 주세요.

recipe

1 감자와 양파는 큼직큼직하
게 썰어 달군 팬에 버터(1)를
녹여 볶다가, 물(1/2컵)을 부
어 충분히 익히고,

2 양파가 투명해지면 가닥가
닥 자른 브로콜리도 함께 넣
고 익히고,

3 믹서에 우유와 함께 넣고 갈
아서,

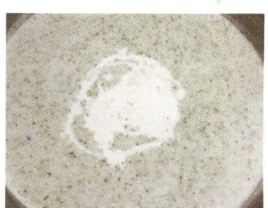

4 냄비에 담고 저어가며 끓이
다가 **양념재료** 넣고 간하면
끝.

도라지생채

매콤달콤하고, 새콤한 도라지생채는 특유의 쌉싸름한 맛이 입맛을 돋우지요.
도라지는 손질이 어렵다고 생각하시는데 굵은 소금에 바락바락 씻어주면 쓴맛이 제거되고,
밑간을 미리하면 간이 잘 배서 한식집에서 먹었던 맛깔스러운 그 맛을 낼 수 있어요.

주재료 도라지(통도라지 7뿌리=200g),
쪽파(2줄기), 통깨, 굵은 소금(약간씩)
밑간 소금(1/3), 설탕(1/3), 식초(1/3)
양념장 고추장(1), 고춧가루(2), 식초
(1), 설탕(1/2), 소금(약간)

recipe

1 도라지는 굵은 소금에 바락
바락 주물러 씻어 여러 번
헹궈 찬물에 담그고,

2 도라지에 **밑간**해 두었다가,

3 도라지의 물기 꼭 짜고, **양
념장** 만들어서,

4 젓가락으로 고루 무쳐 송송
썬 쪽파와 통깨 뿌려주면 끝.

도라지나물

오래 묵은 도라지는 산삼보다 낫다는 말이 있어요.
미세먼지가 극성을 부리는 요즘 기관지에 좋은 도라지 많이 먹어야겠어요.

주재료 도라지(통도라지 7뿌리=200g), 굵은 소금(약간), 식용유(적당량), 멸치다시마국물(1/2컵), 참기름(1), 통깨(약간)

양념재료 다진 마늘(1), 맛술(1), 소금(1/2)

recipe

1 도라지는 굵은 소금을 넣고 바락바락 주물러 씻은 후 찬물에 담가 두고,

2 달군 팬에 식용유 두르고 물기를 뺀 도라지와 **양념재료**를 넣고 볶다가,

3 멸치다시마국물(1/2컵)을 붓고 뚜껑을 덮어 익힌 후,

4 국물이 자작해지면 참기름(1), 통깨를 뿌려 볶아주면 끝.

더덕구이

고기도 아닌 것이 고기처럼 쫄깃하고, 거기에 아삭한 식감까지 살아있는
매력적인 더덕구이에요. 더덕도 인삼만큼이나 사포닌이 풍부하고
혈액순환, 원기회복, 기관지염에도 좋답니다.
무엇보다 손님 오셨을 때 구워내면 칭찬 받아서 좋더라고요.^-^

주재료 더덕(7뿌리=200g), 쪽파(2줄기),
굵은 소금(약간)

유장 참기름(2), 간장(1/2)

양념장 고추장(2), 고춧가루(1), 간장(1), 다
진 마늘(1), 설탕(1), 참기름(1), 통깨(1)

recipe

1 더덕은 옆면에 세로로 칼집을 넣어 돌
려 깎아 껍질을 벗기고,

2 편으로 도톰하게 썰어 소금물에 10분
정도 담가 쓴맛과 진액을 빼고,

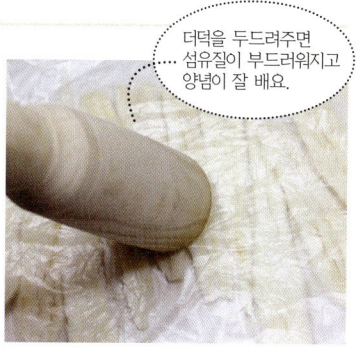

더덕을 두드려주면
섬유질이 부드러워지고
양념이 잘 배요.

3 물기 빼서 비닐에 넣고 방망이로 자근
자근 두들기거나 밀대로 밀어 부드럽
게 해서,

4 **유장** 만들어서 앞뒤로 펴 발라 재웠다
가,

양념장에 재워 냉장 숙성
했다가 구우면 양념이
잘 배어서 더 맛있어요.

5 달군 팬에 살짝 구워서,

6 **양념장**을 앞뒤로 발라가며 구워, 송송
썬 쪽파를 얹어주면 끝.

더덕돼지불고기

몸에 좋은 더덕을 돼지고기와 함께 볶으면 향도 좋고 맛도 좋지만
고기와 더덕의 음식궁합이 또 최고랍니다.
더덕을 흠씬 신나게 두들겨(?) 돼지두루치기에 넣고 볶아주니 밥반찬으로, 술안주로 인기 최고라서 신나요.

주재료 더덕(3뿌리), 돼지고기(불고기용 300g), 대파(1/2대), 어린잎채소(1줌), 식용유(적당량)

양념장 고추장(3), 고춧가루(1), 간장(1), 설탕(1), 올리고당(1), 맛술(1), 다진마늘(1), 다진 파(2), 생강가루, 후춧가루(약간씩)

recipe

어슷 썬 더덕을 밀대로 밀어주면 부드러워져요.

1 **양념장** 만들어서 돼지고기 재워두고,

2 껍질 벗긴 더덕과 대파는 어슷 썰어 함께 양념하고,

3 달군 팬에 식용유 두르고 볶아서,

4 깨끗이 씻어 물기 뺀 어린잎채소 얹어주면 끝.

더덕무침과 차돌박이

새콤달콤하게 무쳐낸 더덕과 고소한 차돌박이의 만남은 그야말로 환상이지요.
차돌박이의 느끼함을 더덕무침이 잡아주어, 영양의 밸런스도 좋지만 맛도 기가 막혀요.
비주얼도 훌륭한 일품요리라서 손님상이나 특별한 날을 빛내줄 요리 중 하나이지요.

주재료 더덕(4뿌리), 소고기(차돌박이 400g), 배(1개), 부추(3줄기)

더덕양념 다진 마늘(1), 고춧가루(2), 식초(1), 올리고당(1), 설탕(1/2), 소금(약간)

고기양념 다진 마늘(1), 청주(1), 간장(3), 배즙(2), 설탕(1), 참기름(1), 후춧가루(약간)

recipe

1 더덕은 껍질을 벗겨 도톰하게 편으로 썰어, 밀대로 밀어 부드럽게 해서 찢어주고,

2 부추는 송송 썰고, 배는 껍질 벗겨 얇게 썰어주고,

3 차돌박이는 **고기양념**에 재웠다가 구워서 접시에 담아 부추 올리고,

4 더덕도 **더덕양념**해서 조물조물 무쳐 접시에 함께 담아내면 끝.

깻잎찜

매년 여름이면 엄마가 해주시던 반찬이에요.
그 땐 이렇게 맛있는 줄 몰랐는데 요즘 이런 게 왜 이렇게 맛있는지…;^-^
깻잎의 향긋함과 멸치의 구수하고 짭조름한 조화가 참 좋네요.
혹시 이런 게 나이가 들어간다는 건가요?ㅠㅠ

주재료 깻잎(50장), 중멸치(1컵)

양념장 간장(3), 다진 마늘(1), 다진 파(2), 고춧가루(2), 설탕(1/2), 올리고당(1), 참기름(1), 물(3), 통깨(1)

recipe

1 멸치는 기름 두르지 않은 팬에 살짝 볶아 준비하고,

2 **양념장** 만들어서 멸치와 섞고,

3 깨끗이 씻어 물기 뺀 깻잎을 4장씩 놓고 준비한 멸치양념장 발라서,

4 김 오른 찜기에 넣고 5분 정도 쪄내면 끝.

간단깻잎

깻잎의 풋풋하고 향긋함을 그대로 느낄 수 있는 정말 초간단! 초스피드! 반찬이에요.
한정식 집에서 먹어본 것 같은데 별것도 아닌데
참 상큼하고 맛있었던 기억을 더듬어서 만들었습니다.

주재료 깻잎(20장), 양배추, 당근, 무
순, 부추(1/2줌씩)

양념장 간장(3), 매실청(1), 설탕(1/2),
맛술(1), 식초(1)

recipe

1 깻잎은 깨끗이 씻어 물기 빼
고,

2 양배추, 당근은 채 썰고, 부
추도 3cm 길이로 썰어 무순
과 섞어두고,

3 분량대로 **양념장** 만들어서,

4 깻잎 위에 야채를 올리고 양
념장 얹어주면 끝.

깻잎순대볶음

예전에는 순대하면 그냥 길거리 먹거리였지요.
엄마 따라 시장 갔다가 한 봉지 사들고 와서 고춧가루 섞인
소금에 찍어 먹던 그 순대~ 하지만 요즘은 마트에 가면
진공 팩에 담긴 순대를 쉽게 찾아 볼 수 있어요.
덕분에 순대볶음 먹을 기회가 많아졌지요. 향이 좋고 부드러운 깻잎순
팍팍 넣고 들기름에 들깨가루까지 넣으면
먹어도 먹어도 질리지도 않고 먹고 돌아서면 또 생각나는
순대볶음이 만들어집니다.

주재료 깻잎순(2줌), 순대(400g), 당근(1/3개), 양파(1/2개), 양배추(1줌), 불린 당면(1줌), 식용유(적당량)

양념장 고추장(4), 고춧가루(3), 간장(3), 다진 마늘(2), 설탕(1), 청주(2), 맛술(2), 들기름(5), 들깨가루(2), 생강가루(약간), 물(1/2컵)

recipe

1 순대는 한입 크기로 먹기 좋게 썰고,

2 당근은 반 갈라 길쭉하게 썰고, 양배추와 양파는 채 썰고, 깻잎순도 억센 줄기 떼 내고 깨끗이 씻어 준비하고,

껍질을 벗기지 않은 통들깨를 빻아 쓰면 더 맛있어요.

3 **양념장** 만들어 고루 섞어 준비하고,

4 달군 팬에 식용유 두르고 당근, 양배추, 양파 먼저 볶다가,

당면은 따뜻한 물에 30분 정도 담가주세요.

5 순대 넣고, 양념장 붓고, 불린 당면도 넣고 볶아서,

6 깻잎순 넣고 버무리듯 살짝 볶아주면 끝.

취나물겉절이

'산나물의 왕'이라 불리는 취나물의 매력을 고스란히 느낄 수 있는 겉절이에요.
취나물이 제철인 봄에 생취 여린 잎으로 꼭 만들어 보세요.
왜 산나물의 왕인지 겉절이로 드셔 보시면 바로 아실 거예요.

주재료 취나물(200g)

양념장 고춧가루(1), 다진 마늘(1/2), 다진 파(1), 간장(2), 맛술(1/2), 올리고당(1/2), 들깨가루(1), 참기름(1/2)

recipe

1 생취의 억센 줄기는 떼어 내고, 깨끗이 씻어 준비하고,

2 **양념장** 만들어 고루 섞어서,

3 먹기 직전에 살살 버무려주면 끝.

취나물무침

취나물은 쌉싸름 하면서도 씹을수록 깊은 향이 느껴져요.
취는 향이 강해서 소금 간에 들기름 몇 방울이 최고로 순수한 맛을 내겠지만
전 마늘을 최소화한 된장양념도 매력 있더라고요.^-^

주재료 취나물(200g), 홍고추(1/2개),
굵은 소금(약간)

양념장 된장(1), 국간장(1), 다진 마늘
(1/3), 맛술(1/2), 들기름(1), 통깨(1/2)

recipe

1 취나물은 억센 줄기 끝 부분을 잘라낸 후 깨끗이 씻어 준비하고,

2 홍고추는 반 갈라 씨를 빼서 3cm 길이로 잘라 채를 썰고,

3 굵은 소금 넣고 끓인 물에 취나물을 살짝 데쳐서, 찬 물의 헹궈 물기 짜고,

4 **양념장** 만들어 홍고추와 취나물에 넣고 무쳐주면 끝.

취묵나물볶음

취묵나물은 정월대보름에 오곡밥과 묵은 나물 먹을 때, 등산로 초입 산채비빔밥집에서,
겨울에 나물반찬이 잊혀져갈 무렵 엄마가 차려주는 밥상에서 봤던 나물반찬이에요.
요즘은 대형마트에도 건나물 코너가 따로 생겨나고 웰빙 식품으로 새롭게 주목받고 있죠.
다른 건나물도 어려워 말고 이 레시피대로 불렸다 삶아서 볶아내는 방법으로 하시면 되요.

주재료 말린 취나물(200g), 멸치다
시마국물(2/3컵), 들기름(1), 식용유(1),
통깨(1)

양념 다진 마늘(1/2), 다진 파(1), 국
간장(1), 소금(약간)

recipe

찬물에 바로 헹구지
말고 그대로 식혀야
부드러워요.

미리 재웠다가
볶으면 간이
더 잘 배요.

들기름은 고소한
향을 주고, 식용유는
윤기를 준답니다.

1 말린 취나물은 찬물에 반나
절 이상 불려서 깨끗이 헹궈
주고,

2 물을 잘박하게 붓고 취나물
을 10분 이상 푹 삶아 그대
로 식혀준 후,

3 찬물에 여러 번 헹궈 물기를
짜고, 먹기 좋게 썰어 **양념**
하고,

4 들기름(1), 식용유(1)를 둘러
서 볶다가 멸치다시마국물
(2/3컵) 붓고, 뚜껑 덮어 끓여
서 국물이 자작해졌을 때 통
깨 뿌려주면 끝.

취나물밥

취나물밥은 특유의 향과 구수한 맛이 좋은 일품별미밥이에요. 제철에는 생취를 삶아서 넣고,
그렇지 않으면 건나물로 밥을 지으면 되는데 제 생각엔 그 유명한 곤드레밥 못지 않아요.^-^
취나물 듬뿍 넣고 밥을 지어서 맛있는 양념장에 슥슥~ 비벼먹는 그 시간이 바로 힐링타임입니다.

주재료 취나물(200g), 쌀(2컵), 굵은
소금(약간)

양념재료 된장(1/2), 참기름(1), 깨소
금(1/2)

비빔간장 송송 썬 쪽파(2), 다진 마
늘(1/2), 간장(3), 고춧가루(1/2), 설탕
(1/2), 맛술(1), 참기름(1), 깨소금(1/2)

recipe

1 굵은 소금 넣고 끓인 물에
취나물을 살짝 데쳐서, 찬물
에 헹궈 물기 짜고, 1cm로
송송 썰고,

2 **양념재료** 넣고 버무려 취나
물에 밑간을 하고,

취나물이 수분을
머금고 있어서 물을
더 많이 넣어줄
필요는 없어요.

3 전기밥솥에 평소처럼 밥물
잡고, 그 위에 나물을 얹어
취사버튼을 누르고,

4 밥이 완성되면 고루 섞어 **비
빔간장**과 함께 내면 끝.

머위나물무침

머위나물을 무쳐놓으면 호불호가 딱 나뉘죠. 쓰다며 손사래를 치는가 하면
쌉쌀한 맛이 입맛을 살려준다고도 하고요. 모든 나물이 좋아지는 나이인 저는
머위나물무침은 물론 머위잎을 찜기에 져서 쌈으로도 즐겨 먹어요.^-^

주재료 머위(200g), 굵은 소금(약간)

양념장 된장(1), 다진 마늘(1/2), 다진
파(1), 깨소금(1/2), 매실청(1/2), 설탕
(1/2), 참기름(1)

recipe

데칠 때 아래까지
뒤집어가며 고루
익혀주세요.

1 굵은 소금을 넣고 끓인 물에
머위를 넣고 1분 정도 데쳐
서.

물기를 너무
꼭 짜면 나물이
질겨져요.

2 찬물에 헹군 후, 물기 적당
히 짜고 먹기 좋게 썰어.

3 양념장 만들어서 조물조물
무쳐주면 끝.

머위대고추장볶음

머위대를 보면 친정엄마가 해주시던 고추장볶음이 생각나요. 밥에 비벼 한 그릇씩 뚝딱했던 기억~
남편도 결혼 전엔 고추장볶음으로는 먹어본 적이 없다던데
이 맛있는 걸 모르는 분이 너무 많아 꼭 알려드리려고요.^-^
참, 우리 엄만 얘를 '모구나물'이라고 부르세요.

주재료 머위대(2줌), 들기름(2), 굵은
소금, 통깨(약간씩)

1차 양념 다진 마늘(1), 국간장(1), 맛
술(1)

2차 양념 고추장(2), 고춧가루(1), 설
탕(1), 소금(약간)

recipe

두꺼운 것은 반
갈라 찢어주세요.

1 굵은 소금 넣고 끓인 물에
머위대 넣고, 10분 정도 삶
아 찬물에 헹궈서,

2 머위대의 겉껍질을 벗겨 먹
기 좋게 썰고,

3 중불로 달군 팬에 들기름을
두르고 볶다가 **1차 양념**을
하고,

4 **2차 양념**도 넣고 볶아서, 통
깨 뿌리면 끝.

머위들깨탕

머위는 봄이 되면 꽃줄기가 매서운 추위를 이겨내고 잎보다 먼저 나온대요.
머위대가 바로 이 꽃줄기인데 엄청난 생명력을 지녔겠어요. 이 대단한 머위대와
몸에 좋은 들깨로 만든 보약탕이니 국물까지 싹싹 긁어 건강을 챙겨보세요.

주재료 머위대(5대), 들기름(2), 소금
(약간)

다시국물 건표고버섯(3개), 다시마
(사방 5cm 2장 분량), 물(4컵)

밑간양념 다진 마늘(1), 국간장(1)

들깨즙 통들깨(1컵), 쌀가루(1), 콩가
루(1), 국간장(2)

recipe

다시국물 우려낸
표고버섯도
마지막 들깨탕에
넣어주세요.

다시국물을 많이
잡아 떠먹는 탕으로
드셔도 좋아요.

1 머위대는 끓는 물에 삶아 껍
질을 벗겨 먹기 좋게 썰고,

2 **다시국물** 재료 넣고 끓여서
체에 걸러 준비하고,

3 머위대에 **밑간양념**해뒀다
가 들기름(2)을 두르고 볶
아서,

4 준비한 다시국물에 **들깨즙**
재료 넣고 믹서에 갈아서 체
에 걸러 넣고, 저어가며 끓
여주면 끝.

고구마줄기볶음

고구마줄기가 시장에 나오기 시작하면 고구마줄기로 만든 볶음, 별미김치,
고등어조림에 무 대신 깔아서 조렸던 그 맛이 떠올라 아무 생각 없이 일단 충동구매를 합니다.
집에 와서 껍질을 벗기다 보면 허리를 두드리며 내가 괜한 일을 만들었다고 후회하죠.
하지만 막상 반찬으로 만들어지면 뿌듯함과 설렘으로 입이 너무 바쁘고 즐거워요.^-^

주재료 고구마줄기(5줌), 굵은 소금
(약간), 식용유(적당량), 다진 마늘(1/2),
다진 파(1)

양념장 고추장(1), 고춧가루(2), 간장
(1), 맛술(1), 설탕(1/2), 올리고당(1), 참
기름(1), 소금(적당량)

recipe

1 껍질을 벗겨준 고구마줄기
는 먹기 좋게 잘라 굵은 소
금 넣고 끓인 물에 데쳐주고,

2 찬물에 담갔다 식혀서 물기
빼서,

3 달군 팬에 식용유 두르고 다
진 마늘(1/2), 다진 파(1)를 넣
고 볶다가,

4 고구마줄기와 **양념장** 넣고
볶아 소금간하면 끝.

고구마줄기김치

고구마줄기로 만든 김치를 전주에서 처음 먹어봤어요.
담근 지 하루만 지나면
아삭아삭 시원하고 맛있게 먹을 수 있어 참 좋아했었죠.
지금은 전주를 떠나왔지만 매년 여름이면 꼭 담그는 별미김치가 되었지요.
고구마줄기는 껍질이 매끄러워
속까지 양념이 스며들지 않아서 벗겨야 하는데요.
요령만 익히면 까짓거 드라마 한편 보면서 후딱이에요.ㅎㅎ

주재료 고구마줄기(1kg), 굵은 소금(3), 쪽파(10대), 양파(1개)

양념 다진 마늘(2), 다진 생강(1), 멸치액젓(6), 고춧가루(6), 설탕(2), 통깨(2), 실고추(적당량)

찹쌀풀 찹쌀가루(1), 물(1/2컵)

recipe

줄기에 반을 꺾어 길게 내리면 껍질이 쭉 벗겨져요.

1 고구마줄기의 껍질을 벗겨 굵은 소금(3)을 뿌려 뒤집어가며 30분 이상 절인 후 물기 빼고,

2 쪽파는 3cm 길이로 썰고, 양파는 채 썰어 준비하고,

3 중·약불에서 **찹쌀풀** 걸쭉하게 만들어 식히고,

4 **양념** 만들어서 찹쌀풀과 섞어 고춧가루 불려주고,

5 고구마 줄기에 쪽파, 양파, 양념을 넣고 고루 버무려,

6 밀폐용기에 담아 실온에서 한나절 숙성시켜 냉장 보관하면 끝.

쑥국

추운 겨울 꽁꽁 얼어있던 들판에 쑥이 쑤욱~하고 고개를 내밀면
추워도 그때부터가 봄인거죠. 생긴 건 여리고 보드라워 천상여자 같은데
어쩜 이리 강인한지 꼭 대한민국 아줌마 같지 않아요?^-^

주재료 쑥(1줌=100g), 된장(2), 대파
(1/2대), 콩가루(3), 소금(약간)
멸치다시마국물 물(6컵), 국멸치(12
마리), 다시마(사방 5cm 2장), 건고
추(1개)

recipe

1 다듬은 쑥은 깨끗이 씻어 준
비하고,

2 봉지에 쑥과 콩가루(3)를 넣
고 흔들어 콩가루 옷을 입
히고,

3 **멸치다시마국물** 만들어 체
에 걸러 된장 풀어서,

4 끓어오르면 쑥과 어슷 썬
대파 넣고 한소끔 끓여주면
끝.

쑥부침개

쫀득쫀득 고소하면서 쑥의 향긋함이 그대로 전해지는 쑥떡 맛 나는 부침개를 소개합니다.
밥 한 그릇 다 비웠는데도 남은 쑥부침개에 자꾸만 손이 가니
다이어트는 또 내일부터라지요.^-^

주재료 쑥(200g), 소금(약간), 식용
유(적당량)
반죽재료 달걀(1개), 부침가루(1컵),
물(1/2컵)

recipe

1 장식할 쑥잎을 10장 정도 떼
어 찬물에 담가두고,

2 믹서에 쑥과 **반죽재료**(부침
가루는 1/2컵만)를 넣고 갈
아서,

3 남은 부침가루(1/2컵)와 소
금 넣고 고루 저어 반죽을
만들고,

4 달군 팬에 식용유 두르고,
반죽을 떠놓고 쑥 잎을 한
장씩 붙여, 가장자리가 익으
면 뒤집어서 익혀주면 끝.

쑥버무리

쌀가루로 쑥버무리를 하면 그냥 백설기 쑥떡 같은 맛이 나는데 엄마는 항상 밀가루로 하자 하세요.
옛날에는 다 그랬다면서요. 요즘 아무리 맛있는 게 많다 해도 예전에 먹던 그 맛이 그리우신가 봐요.
그런데 제 입에도 밀가루로 만든 쑥버무리가 쫀득쫀득하면서 쑥향이 더 진하게 느껴지네요.
아무래도 밀가루쑥버무리에 치명적인 중독성도 있는 듯합니다.^-^

주재료 쑥(3줌), 밀가루(2컵)

양념물 굵은 소금(1/3), 설탕(3), 물
(1컵)

recipe

1 깨끗이 씻어 준비한 쑥에 물
기를 빼주고,

2 밀가루 옷입히고, **양념물** 만
들어 손에 묻혀서 털듯이 고
루 뿌려서,

3 찜기에 물에 적신 면보를 깔
고 펼쳐 담아,

4 뚜껑 덮어 20분 정도 쪄주
면 끝.

냉이된장국

나물을 너무 좋아하시는 부모님 때문에 고기를 별로 못 먹어서 고기에 한(?)이 있다는 남편^-^
하지만 냉이된장국과 고깃국 먹을 때 나오는 감탄사는 똑같아요.
냉이된장국이 고깃국만큼 시원하고 맛있다는 얘기겠지요.

주재료 냉이(200g), 된장(2), 다진 마늘(1/2), 대파(1/2대)

멸치다시마국물 물(6컵), 국멸치(1줌), 다시마(5cm 2장 분량)

recipe

1 냉이는 깨끗이 씻어 뿌리는 칼로 긁어 다듬고, 큰 것은 반 갈라주고,

2 **멸치다시마국물** 만들어서 체에 걸러주고,

3 멸치다시마국물에 된장을 체에 걸러 풀어주고,

4 국물이 끓어오르면 손질한 냉이 넣고, 다진 마늘(1/2), 어슷 썬 대파 넣어 한소끔 더 끓여주면 끝.

냉이바지락살무침

냉이나물 무침에는 된장이나 고추장 모두 맛있지만 여기에 조갯살을 넣어주면 신선한 별미가 됩니다.
식감이 쫄깃한 바지락살과 향긋한 냉이의 조화가 환상이랍니다.^-^

주재료 냉이(200g), 바지락살(1줌 =150g), 굵은 소금(약간)

양념장 고추장(3), 고춧가루(1), 설탕 (1/2), 다진 마늘(1/2), 다진 파(1), 깨소 금(1/2), 참기름(1)

recipe

1 굵은 소금 넣고 끓인 물에 손질한 냉이를 데쳐서 찬물 에 헹궈 물기 꼭 짜고,

2 **양념장** 만들어 고루 섞어 두고,

3 바지락살은 옅은 소금물에 씻어서 끓는 물에 데쳐주고,

4 냉이와 바지락살에 양념장 을 넣고 조물조물 무쳐주면 끝.

쑥갓나물무침

쑥갓은 해물탕에서 마지막을 장식하는 그냥 조연인 줄만 알았는데 이번에는 주연입니다.
쑥갓 특유의 향은 별다른 양념 없이도 맛있게 버무려지는 스페셜 게스트이지요.

주재료 쑥갓(250g), 굵은 소금(약간)
양념 다진 마늘(1/2), 다진 파(1), 소금
(1/2), 참기름(1), 통깨(1/2)

recipe

1 쑥갓의 억센 밑동은 떼어내
고 다듬어서,

2 굵은 소금 넣고 끓인 물에
살짝 데쳐 찬물에 헹궈 물기
짜고,

3 **양념** 넣고 살살 무쳐주면
끝.

많이 주물거리면
나물이 물러지니
살살 무쳐주세요.

돌나물무침

돌나물은 아무데나 뽑아버려도 그 자리에 뿌리를 내릴 정도로 생명력이 강한 나물입니다.
그래서 양지바른 돌 틈부터 돌 위까지 모두 점령하고 있나 봐요.
먹으면 왠지 굉장한 힘이 솟을 것 같은 돌나물에 오늘은 특별히 과즙을 넣어
더욱 상큼하게 만든 초고추장으로 무쳐볼게요.

주재료 돌나물(100g)

양념장 고추장(2), 식초(2), 다진 마늘(1/2), 설탕(1), 올리고당(1), 사과즙(1), 배즙(1), 깨소금(1), 소금(약간)

recipe

1 돌나물은 무르지 않게 흐르는 물에 살살 씻어 물기를 빼고,

2 과즙 넣은 맛있는 **양념장** 만들어서,

3 돌나물 위에 양념장을 얹어 내면 끝.

미리 무치면 물이 생기니 식탁에서 바로 비벼먹을 수 있게 하세요.

비름나물무침

내게 나물이 맛있다는 걸 처음 알려준 비름나물~ 대학교 다니며 자취할 때
청주 육거리 장날에 한 바가지 사면서 나물 팔던 할머니가 알려주시는 대로 만들어 먹었는데
고수가 된 지금 보니, 비름나물은 향이 강하지 않아서 소금이나 국간장으로 간하는 것 보다는
된장, 고추장 함께 넣은 양념장이 제일 맛있네요.^-^

주재료 비름(250g), 굵은 소금(약간)

양념장 된장(1), 고추장(1/2), 올리고
당(1), 다진 마늘(1/2), 다진 파(1), 참기
름(1), 소금(약간)

recipe

너무 꽉 짜면
질겨지고 덜 짜면
물이 생기니 적당히
짜주세요.

1 비름의 억센 줄기를 떼어
내고 다듬어서,

2 끓는 물에 굵은 소금 넣고
30초 정도 데쳐 찬물에 헹
궈 물기 짜내고 먹기 좋게
썰어,

3 **양념장** 만들어 조물조물 무
치고, 혹시 부족한 간은 소
금으로 하면 끝.

방풍나물무침

이름 그대로 '풍을 막는다.'는 방풍나물은 바닷가 절벽이나 바위틈에서 자생한대요.
뿌리는 우황청심환의 재료로도 쓰인다니 이쯤 되면 그냥 약이라 해도 과언이 아니겠어요.
특유의 향이 입맛 살리기에도 좋으니 방풍나물 무침으로 우리가족 건강 챙기세요.

주재료 방풍나물(1줌=200g), 굵은
소금, 통깨(약간씩)

양념장 고추장(1), 된장(1/4), 식초(1),
설탕(1/2), 다진 마늘(1/2), 다진 파(1),
참기름(1/2)

recipe

1 방풍나물의 누런 잎과 억센
줄기는 다듬고 굵은 소금 넣
고 끓인 물에 1분 정도 데쳐,

2 찬물에 헹궈 물기 짜고,

3 **양념장** 만들어 조물조물 무
쳐서,

4 통깨 뿌려주면 끝.

아욱국

'가을 아욱국은 문 닫아 걸고 먹는다.'는 옛말이 있어요. 그만큼 가을에 아욱이 가장 맛있고
영양도 많다는 얘기겠지요. 얼마전 카트에 실린 아욱을 본 마트 아주머니께서 걱정이 되셨는지
"새댁!! 아욱은 빨래 빨듯이 박박 알죠?" 하시길래
"예~." 대답하고는 돌아서는데 괜히 웃음이 나네요. 내가 오늘 너무 새댁 같아 보이나?^-^

주재료 아욱(1단), 멸치다시마국물
(6컵), 건새우(1줌), 대파(1대), 굵은 소
금(약간)

양념 된장(3), 다진 마늘(1/2), 고춧
가루(1)

recipe

주물러 씻다가
진한 초록 물이
나오면 여러 번
헹구세요.

1 아욱은 줄기가 약간 남게
다듬어 굵은 소금 넣고 박
박 주물러 씻어 초록 물을
빼고,

2 멸치다시마국물(6컵)에 된
장을 체에 걸러 풀고, 다진
마늘도 넣어 끓이고,

3 건새우 넣고, 끓어오르면 아
욱도 넣고,

4 대파 송송 썰어 넣고, 고춧
가루 넣어주면 끝.

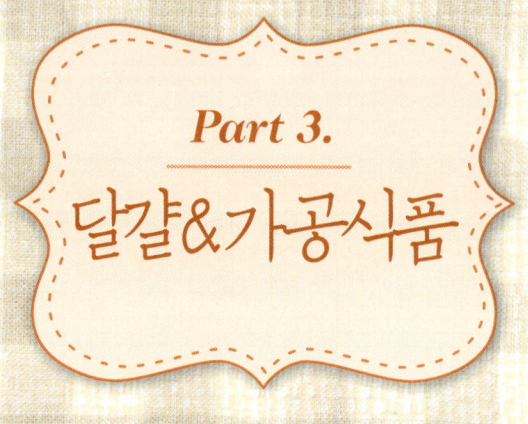

Part 3.

달�걀&가공식품

결혼 전 엄마를 도와 명절음식을 만들 때면,
주어진 과제와는 별도로 나름의 실험정신이 발동하죠.
고추랑 쑥갓 잎으로 꽃을 만들고, 동그랑땡 재료를 여기저기 넣어 부쳐보기도 했는데
그 중 깻잎전은 집어 먹기도 편하고 맛도 좋아 동그랑땡보다 높은 인기를 누렸어요.
고기대신 참치를 넣어도 담백하고 맛있어요.
하나씩 집어먹다 보면 어느새 한 접시 된다는….

달걀찜

김이 모락모락 나는 노오란 달걀찜은 눈으로 먼저 우리의 식감을 자극해요.
따로 육수를 내지 않고 참치액이나 까나리액젓으로 간해서
간단하게 만드는 스피드 달걀찜을 알려드릴게요.

주재료 달걀(4개), 대파(1/2대), 홍고추(1/2개), 물(1컵)

양념 참치액(1/2), 맛술(1), 소금(1/2)

recipe

체에 내려주면 알끈이 제거되어 더 부드러워요.

1 달걀을 풀어 체에 내려 준비하고,

충분히 저어 주어야 잘 부풀어요.

2 물(1컵)에 **양념**을 하고, 달걀물을 부어 2~3분간 부드럽게 저어주고,

3 가장자리가 끓으면 중불로 줄이고, 뻑뻑할 때까지 저어서,

4 뚜껑이나 그릇으로 덮어 약불에서 4~5분간 완전히 익혀 송송 썬 홍고추와 대파를 올려주면 끝.

달걀말이

냉장고속 자투리 채소나 햄, 소시지, 참치, 치즈를 넣고 말아주면
식탁도 내 맘도 뿌듯해지는 달걀말이에요.
속 재료 중에서 우리 집 최고 인기는 참치와 버섯이랍니다.
자, 냉장고속 재료들도 정리 할 겸 맛있게 돌돌 말아볼까요?

주재료 달걀(6개), 참치(1캔=150g),
당근(1/4개), 애호박(1/5개), 새송이
버섯(1/4개), 식용유(적당량)

양념 다시마물(5), 맛술(1), 소금(1/2),
후춧가루(약간)

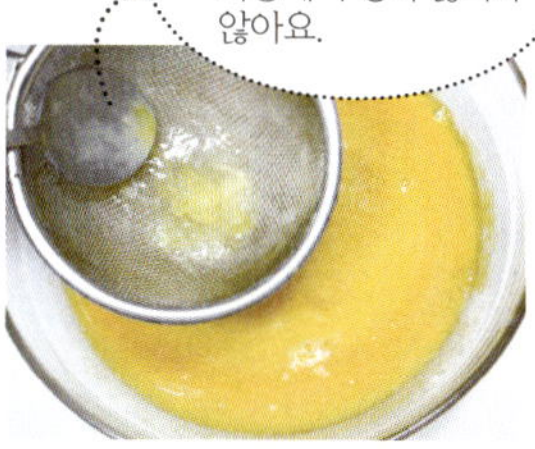

달걀은 거품이 나지
않게 적당히 섞어야
나중에 구멍이 뚫리지
않아요.

recipe

1 새송이버섯, 당근, 애호박은
다지고,

2 달걀은 체에 내려 부드럽게
해서 다진 야채와 섞어 **양념**
하고,

3 달군 팬에 식용유 두르고
약한 불에서 달걀물(1/3)을
붓고 기름을 꼭 짠 참치 올
리고,

4 달걀을 말면서 남은 달걀물
(2/3)을 조금씩 부어가며 말
아, 한 김 식혀 썰어주면 끝.

오므라이스

온가족이 함께하는 기분 좋은 주말,
자투리 채소 넣고 달걀옷 입히면 다른 반찬은 필요 없는
근사한 한 그릇 요리가 뚝딱 만들어져요. 달걀물에 식초를 약간 넣으면
달걀옷이 얇고 예쁘게 만들어지고요,
제대로 만든 스페셜 소스가 포인트입니다.

주재료 달걀(4개), 양파(1/4개), 청피망(1/4개), 노랑·빨강 파프리카(1/4개씩), 슬라이스햄(2장), 밥(2공기), 식초(1/2), 버터(1/2), 소금, 식용유(적당량)

소스 양송이버섯(3개), 마늘(3개), 버터(1/2), 토마토케첩(2), 스테이크소스(4), 꿀(1), 물(5), 후춧가루(약간)

밥양념 토마토케첩(2), 소금, 후춧가루(약간씩)

recipe

1 마늘과 양송이버섯은 편으로 썰고, 야채와 햄은 다져서 준비하고,

2 달군 팬에 식용유 두르고, 다진 야채와 햄 볶다가,

3 밥 넣고 **밥양념**해서 입맛에 맞게 소금 간을 해주고,

4 달군 팬에 버터(1/2) 녹여 마늘과 양송이버섯을 볶다가 나머지 **소스** 재료를 넣고 바글바글 끓여 준비하고,

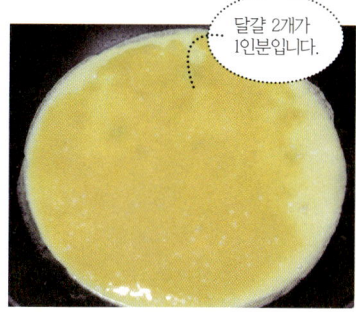

달걀 2개가 1인분입니다.

5 달걀(2개)을 풀어 소금, 식초(1/2) 넣고 달걀물 만들어 약불로 달군 팬에 식용유 두르고 부어서,

럭비공 모양이 되도록 양옆을 감싸주세요.

6 가운데 볶음밥 넣고 감싸서 접시를 대고 담은 후, 소스를 얹어 주면 끝.

에그샌드위치

집에 있는 재료들로 후다닥 만들 수 있는
누구나 좋아하는 에그샌드위치를 소개해요.
완성된 샌드위치를 보니 특별한 계획은 없었어도
가벼운 마음으로 나들이 가고 싶어져요.
이런 소소한 행복, 여유…. 멀리 있는 게 아니네요.^-^

주재료 식빵(6장), 달걀(2개), 감자(3개),
게맛살(2줄), 양파(1/4개), 오이(1/2개)
소스 마요네즈(5), 머스터드(1), 소금, 후춧
가루(약간씩)
스프레드 토마토케첩(1), 꿀(1/2), 소금, 후
춧가루(약간씩)

recipe

1 감자는 큼직하게 썰어 끓는 물에 10분
정도 삶아 포크로 으깨고,

2 달걀은 찬물 넣고 10분 이상 완숙으로
삶아서 다시 찬물에 담가 식히고,

3 충분히 식힌 달걀은 껍질 벗겨서 곱게
다지고,

맛살은 결결이 뜯고,
양파는 곱게 다져 찬물에
담갔다 물기 빼고, 오이는
어슷 썰어 소금에 절여
물기를 짜주세요.

4 게맛살, 양파, 오이, 감자, 달걀과 **소
스**를 넣고 고루 섞어 샌드위치소 만
들고,

5 식빵 구워 준비한 **스프레드**(1)를 한쪽
면에 바르고 다른 한쪽에는 샌드위치소
듬뿍 올리고,

6 다른 식빵을 덮어 랩으로 단단히 싸서
잘라주면 끝.

두부조림

만만하고 질리지 않는 반찬하면 두부조림을 빼놓을 수 없지요.
전 요즘 두부를 구워서 그냥 그 팬에 양념장을 부어 조립니다.
과정하나 줄었는데 굉장히 간단해진 느낌이에요.^-^

주재료 두부(1모), 대파(1/2대), 소금
(약간), 식용유(적당량)

양념장 고춧가루(2), 간장(3), 다진
마늘(1/2), 설탕(1), 참기름(1), 깨소금
(1/2), 후춧가루(약간), 물(1컵)

recipe

1 두부는 큼직하게 썰어 소금
뿌려 간을 하고,

2 **양념장** 만들어서 대파 송송
썰어 넣고,

3 키친타월로 두부에 물기 닦
고 달군 팬에 식용유 둘러
앞뒤로 노릇하게 지져서,

4 양념장 붓고 국물이 자작해
질 때까지 조려주면 끝.

두부찌개

들어가는 재료라고는 두부가 전부인 투박한 충청도식 두부찌개입니다.
부풀어 올라 찌개냄비를 가득 채운 두부와 구수한 멸치가 우러난 순박한 맛이 매력이지요.
멸치가 둥둥 떠 있던 엄마가 해주시는 맛을 내기 위해
평소보다 두 배로 진한 멸치다시마국물로 끓여보니 똑같네요.^-^

주재료 두부(1모), 대파(1대), 청·홍
고추(1개씩), 양파(1/4개), 고추장(1)
양념재료 고춧가루(2), 다진 마늘(1),
국간장(1), 소금, 후춧가루(약간씩)
진한 멸치다시마국물 물(5컵), 국멸
치(1컵), 다시마(사방 5cm 2장)

recipe

1 진한 멸치다시마국물 만들
어 체에 걸러 준비해놓고,

2 두부는 먹기 좋게 썰고, 양
파는 채 썰고, 고추와 대파
는 어슷 썰어,

3 진한 멸치다시마국물에 고
추장(1) 풀어서 끓이다가 두
부와 양념재료 넣고,

4 바글바글 끓여 양파, 고추,
대파를 넣고 한소끔 끓여주
면 끝.

간단순두부찌개

자취할 때 자주 해먹던 초간단! 순두부찌개예요. 바지락 하나 넣지 않고
그저 순두부 한 봉지만 있으면 후다닥 만들 수 있는 시간절약형 레시피지요.
설명만으로는 맛이 의심될 수 있지만 생각보다 깔끔하고 구수한 국물 맛에 깜짝 놀라실 거예요.^-^

주재료 순두부(1봉지), 달걀(1개), 대
파(1/2대), 식용유(적당량)

양념장 고춧가루(1), 다진 마늘(1/2),
간장(1), 맛술(1), 새우젓(1), 참기름
(1/2), 생강가루, 후춧가루(약간씩)

멸치다시마국물 물(3컵), 국멸치(10
마리), 다시마(사방 5cm 1장)

recipe

1 **멸치다시마국물**을 만들어
체에 걸러 준비하고,

2 **양념장** 만들어 달군 팬에
식용유 두르고 볶아서,

3 멸치다시마국물에 순두부를
넣고, 볶아놓은 양념장 넣어
끓이다가,

4 달걀 풀고, 송송 썬 대파 넣
어주면 끝.

김치청국장찌개

구수하고 중독성을 가진 청국장찌개를 뉴욕커 부부가 엄청 애정 하는 걸 본적이 있어요.
처음에는 "foot smells!!" 라며 인상을 쓰더니
이제는 맛있고 몸에도 좋은거라며 청국장 맛집을 찾아다니면서 먹더라고요.
우리에게는 아주 익숙하고 구수한 향이니 오늘 저녁도 한 뚝배기 하실래요?^-^

주재료 청국장(1과1/2컵), 쌀뜨물(3컵), 배추김치(1줌), 대파(1/2대), 두부(1/2모)

양념 다진 마늘(1/2), 된장(2)

recipe

1 쌀뜨물에 청국장을 풀고,

2 소를 턴 김치는 송송 썰고, 대파는 어슷 썰고, 두부도 먹기 좋게 썰어서,

끓으면서 나오는 거품은 걷어 내야 국물이 시원해요.

3 풀어놓은 청국장, **양념**, 김치 넣고 부드러워질 때까지 끓여서,

4 두부와 대파 넣고 한소끔 끓여주면 끝.

콩국수

여름이면 등장하는 시즌 메뉴 콩국수!
이번에는 몸에 좋은 검은콩 서리태로 만들어 봤어요.
사먹는 콩국수와는 비교를 거부하는 진·한·국·물~ 절로 몸보신 되는 기분이에요.

주재료 소면이나 생칼국수면(1팩=150g), 채 썬 오이(약간), 방울토마토(4개), 검은깨(약간), 물(4컵)

콩국물 삶은 검은콩(1컵), 콩삶은 물(2컵), 땅콩(10알), 소금(약간)

recipe

전날 저녁부터 미리 불려 놓으면 좋아요.

콩물은 잘 끓어 넘치니 좀 넉넉한 크기의 냄비를 이용하세요.

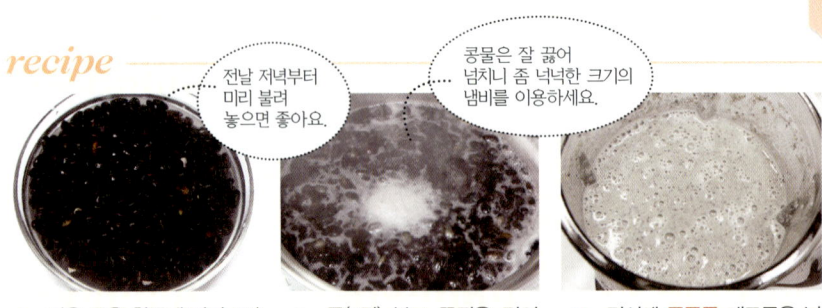

1 검은 콩은 찬물에 담가 6시간 이상 불려서 바락바락 씻어.

2 물(4컵) 붓고 뚜껑을 덮어 삶다가 끓어 오르려고 하면 뚜껑 열고 10분 정도 더 삶아서,

3 믹서에 **콩국물** 재료들을 넣고 갈아서, 체에 걸러 차게 식혀두었다가,

4 끓는 물에 국수를 쫄깃하게 삶아 찬물에 헹궈 물기를 뺀 후, 콩국물 붓고 오이와 방울토마토 얹어내면 끝.

콩전

콩요리 하면 콩비지찌개나 콩국수가 가장 먼저 생각나지요. 그래서 이번에 소개해드릴 콩전은
낯설 수도 있을 거예요. 저도 처음엔 콩국수하면서 체에 거르고 남는 콩이 아까워서 전을 만들었는데
맛있어서 이제는 별도로 전을 위한 콩반죽을 만들게 되었죠.
녹두빈대떡 만드는 것처럼 소재료를 넣어 영양도 맛도 최고인 콩전이랍니다.

주재료 불린 검은콩(1컵), 돼지고기
(다짐육 50g), 물(1/2컵), 밀가루(3컵),
소금(약간), 들기름, 식용유(적당량),
홍고추(1/2개)

소재료 숙주(1줌), 배추김치(1줌), 양
파(1/4개)

고기밑간 다진 마늘(1/2), 소금, 후춧
가루(약간씩)

recipe

1 불린 검은콩(1컵)과 물(1/2컵)
을 넣고 믹서에 곱게 갈아
준비하고,

2 숙주는 끓는 물에 살짝 데쳐
먹기 좋게 썰고, 배추김치는
물기를 꼭 짜서 송송 썰고,
양파는 채 썰고, 홍고추도
송송 썰고,

3 준비한 소재료와 **고기밑간**
을 한 돼지고기, 갈아둔 검
은콩, 밀가루(3컵), 소금을
넣고 반죽 만들어서,

기름은 굽는
중간 중간 타지 않게
넉넉히 둘러주세요.

4 달군 팬에 들기름과 식용유
를 두르고, 반죽 한 숟가락
씩 떠놓고 홍고추로 장식해
서 노릇하게 부쳐주면 끝.

어묵볶음

어묵볶음은 누구나 좋아하는 친숙한 밑반찬이에요.
쫄깃한 어묵과 아삭한 파프리카의 어우러짐이 좋아 저는 함께 볶아주는데요.
파프리카 안먹던 아이들이 이건 맛있다며 집어먹으니 이거야말로 '일석이조'네요.

주재료 사각어묵(4장), 양파(1/2개),
삼색파프리카(1/4개씩), 다진 마늘
(1/2), 통깨(약간), 식용유(적당량)
양념장 간장(2), 올리고당(1), 맛술(1),
참기름(1), 후춧가루(약간)

recipe

1 양파, 파프리카, 어묵은 모두 채 썰고,

2 **양념장** 미리 만들어두고,

3 달군 팬에 식용유 두르고 다진 마늘(1/2) 볶다가, 양파와 파프리카도 볶고,

4 어묵과 양념장 넣고 볶아 통깨 뿌리면 끝.

어묵탕

뜨끈하고 시원한 국물맛이 일품인 어묵탕. 추운 날에는 후후~ 불어가며 먹는 길거리표 어묵도 참 맛있어요.
워낙 많은 양의 어묵을 삶다보니 국물이 진해서 더 그럴 거예요. 하지만 멸치다시마국물에
참치액 조금 넣어주면 길거리표보다 더욱 감칠맛 나는 시원한 국물을 맛볼 수 있다는 사실^-^

주재료 사각어묵(1봉지=320g), 대
파(1대), 무(5cm 1/2토막), 김가루, 고
춧가루(적당량)

멸치다시마국물 물(10컵), 청주(1),
국멸치(1줌), 다시마(사방 5cm 2장)

양념 간장(1), 국간장(2), 참치액(2),
후춧가루(약간)

recipe

1 **멸치다시마국물** 만들어서
체에 걸러주고,

2 멸치다시마국물에 무를 결
대로 슥슥 썰어 넣고 끓이다
가 **양념**하고,

3 어묵도 사선으로 큼직하게
썰어 끓는 물에 살짝 데쳐서,

4 무가 투명하게 익으면 어묵
과 송송 썬 대파를 넣고 끓
여서, 김가루와 고춧가루를
뿌려주면 끝.

어묵국물떡볶이

제가 다니던 여고 앞에는 뚝배기에 보글보글 끓여 나오던 떡볶이집이 있었어요.
국물까지 떠먹는 그런 떡볶이는 흔하지 않아서 늘 인산인해였지요.
몇 년 전부터 홍대에도 국물떡볶이집 앞에서 번호표를 받아 들어가더라고요.
예나 지금이나 떡볶이의 인기는 정말 식지 않네요.

주재료 떡볶이 떡(2컵), 어묵(2장),
대파(1대), 멸치다시마국물(4컵)
양념장 고추장(3), 고춧가루(1), 간장
(1/2), 설탕(1/2), 올리고당(1/2), 후춧
가루(약간)

recipe

  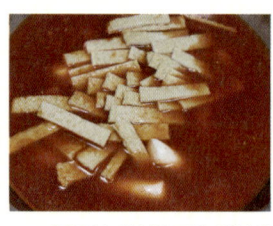 

1 서로 붙은 떡은 물에 담가 떼어주고, 어묵과 대파는 먹기 좋게 썰고,

2 멸치다시마국물(4컵)에 **양념장** 풀어 끓이다가,

3 국물이 끓어오르면 떡볶이와 어묵을 넣어 끓이고,

4 송송 썬 대파 얹어 주면 끝.

도토리묵무침

쌉싸름한 도토리묵과 채소가 잘 어우러진 도토리묵무침은
반찬, 간식, 술안주로 격하게(?) 사랑받는 요리죠.
여기에 들깨가루 한 숟가락 넣어주면 유명산 초입에서
동동주와 만날 수 있는 딱 그 맛입니다.

주재료 도토리묵(1모), 양파(1/4개),
오이(1/2개), 깻잎(2장), 쑥갓(4줄기),
치커리(1줌), 풋고추, 홍고추(1개씩),
통깨(약간)

양념장 고춧가루(3), 간장(5), 다진
마늘(1), 설탕(1), 올리고당(1), 참기름
(1), 들깨가루(1)

recipe

끓는 소금물에
살짝 데쳐주면 더 탱
글탱글 하답니다.

접시에 담은 후
통깨를 뿌려주는게
무칠 때 뿌리는 것 보다
효율적이에요.

1 도토리묵은 먹기 좋게 썰고,

2 오이와 고추는 어슷 썰고, 양
파는 채 썰어 찬물에 담가
매운맛 빼고, 다른 채소들도
먹기 좋게 썰어 준비하고,

3 **양념장** 만들어 채소와 도토
리묵이 부서지지 않게 살살
무쳐서 통깨 뿌리면 끝.

도토리묵밥

늦은 밤, 따끈한 국물이 생각난다면
칼로리가 낮아 부담 없이 즐길 수 있는
도토리묵으로 묵밥을 만들어 보세요.
묵밥의 맛을 좌우하는 건 바로 시원한 멸치국물에 있습니다.

주재료 도토리묵(1모), 오이(1/2개), 김치
(2/3컵), 홍고추, 무순, 통깨, 구운 김(적당
량), 밥(2공기), 국간장(1), 소금(약간)

김치양념 설탕, 참기름, 깨소금(1/3씩)

멸치다시마국물 물(8컵), 국멸치(1컵), 다시
마(5cm 2장), 대파(1/2대), 무(2cm 반 토막)

양념장 다진 마늘(1/3), 다진 청양고추(1/2),
간장(2), 고춧가루(1), 설탕(1/2), 맛술(1)

recipe

1 **멸치다시마국물** 재료를 넣고 푹 우려
내서 체에 걸러두고,

2 오이와 묵은 채 썰고, 김도 가늘게 잘
라 준비하고,

3 김치는 송송 썰어 꼭 짜서 **김치양념**
해주고,

4 멸치다시마국물에 국간장(1), 소금으
로 간하고 **양념장**도 만들고,

5 도토리묵 담고, 양념장, 김치, 오이를
얹은 후,

취향에 따라
멸치국물을 따끈하게
또는 차게 식혀서
부어주세요.

6 멸치다시마국물을 부어 무순, 김, 통깨
로 장식하면 끝.

참치깻잎전

결혼 전 엄마를 도와 명절음식을 만들 때면, 주어진 과제와는 별도로 나름의 실험정신이 발동하죠.
고추랑 쑥갓 잎으로 꽃을 만들고, 동그랑땡 재료를 여기저기 넣어 부쳐보기도 했는데
그 중 깻잎전은 집어 먹기도 편하고 맛도 좋아 동그랑땡보다 높은 인기를 누렸어요.
고기대신 참치를 넣어도 담백하고 맛있어요. 하나씩 집어먹다 보면 어느새 한 접시 된다는….

주재료 참치캔(1개=150g), 깻잎(20장), 식용유(적당량)

부침옷 달걀(2개), 밀가루(1/2컵)

소재료 다진 마늘(1/2), 다진 파(3), 다진 양파(6), 참기름(1), 소금, 후춧가루(약간씩)

recipe

1 깻잎은 꼭지 떼고 깨끗이 씻어 물기 빼고,

2 참치는 체에 밭쳐 기름기 빼서 **소재료** 넣고 버무려, 깻잎 안쪽에 밀가루를 바른 후 참치소 얹어 반 접고,

3 달걀(2개) 풀어 달걀물을 만들고, 반 접은 깻잎을 담갔다가,

4 달군 팬에 식용유 두르고 앞뒤로 노릇하게 지져주면 끝.

참치김치찌개

해외에 나갔다 들어오는 사람들에게 가장 먹고 싶었던
음식을 물으면 대부분 김치찌개라고 하잖아요.
잘 익은 김치와 참치캔 하나만 있으면 사계절 내내
맛있는 김치찌개를 먹을 수 있으니 우린 모두 행복한 사람들이에요.^-^

주재료 참치캔(1개=150g), 김치(1/4
포기=500g), 양파(1/2개), 두부(1/2모),
대파(1/2대), 식용유(적당량)

밑간양념 설탕(1/2), 참기름(1)

양념재료 국간장(1), 다진 마늘(1), 고
추장(1/2)

다시마국물 다시마(사방 5cm 2장),
물(6컵)

recipe

참치의 기름기는
체에 밭쳐 제거하고
넣으세요.

1 **다시마국물** 재료 넣고 끓이
다가 2분 뒤에 다시마 건져
내고,

2 먹기 좋게 썬 김치에 **밑간양
념** 해두었다가 식용유 두르
고 볶아서,

3 다시마국물 붓고 **양념재료**
로 간해서 끓이다가 참치와
채썬 양파 넣고,

4 마지막으로 두부와 어슷썬
대파 넣고 한소끔 끓여주면
끝.

참치샐러드롤

여러 재료들이 총동원되어야 하는 김밥에 비해
비교적 간단한 롤을 소개합니다.
이런 롤은 일반 김밥과는 안과 밖이 바뀐다는 차이점이 있어
망칠까봐 겁을 먹기도 하는데요.
배합초에 설탕이 들어가면 밥이 쫀득하게 서로 잘 붙기 때문에
그냥 뒤집어도 깔끔하게 떨어지니 겁먹지 말고 말아보세요.
뒤집었을 뿐인데 왠지 더 정성스럽게 보이고,
예쁜 날치알이라도 얹어주면 선물용 도시락으로도 좋겠어요.^-^

주재료 참치캔(1개=150g), 밥(1과1/2공기 =롤2개 분량), 게맛살(2줄), 오이(1/2개), 양파(1/2개), 깻잎(4장), 체다치즈(4장), 돈가스소스(2), 마요네즈(2), 후리가케(4)

단촛물 식초(1), 설탕(1), 소금(1/2)

참치양념 마요네즈(1), 소금, 후춧가루(약간씩)

recipe

1 양파는 채 썰어 찬물에 담갔다 물기를 빼고, 오이도 채 썰고,

2 참치 기름은 쪽 빼서 **참치양념**해서 비벼두고,

3 밥에 **단촛물** 넣고 양념해서,

4 김발을 랩으로 싸서 그 위에 김 놓고 밥을 고루 펴주고,

5 밥 뒤집어서 깻잎, 체다치즈, 참치, 양파와 오이, 게맛살 순으로 놓고 돈가스소스를 뿌린 후,

6 김발로 돌돌 말아 후리가케에 굴려 썰어서 마요네즈 뿌려주면 끝.

참치토르티아롤

간단하게 먹기 좋아서 백화점 지하 푸드코트에서
한 번씩 사먹었던 토르티아예요.
전 그냥 집에 있는 참치와 채소를 넣어 만들었어요.
토르티아에 말았더니 흔하게 보는 식빵으로 만든 참치샌드위치보다
고급스런 느낌이 드는 건 왜일까요?^-^

주재료 참치캔(300g), 토르티아(2장), 양
상추(1줌), 치커리(1줌), 쌈채소(4장)

소재료 다진 양파(3), 다진 오이피클(3), 다
진 토마토(3), 마요네즈(4), 머스터드(1), 토마
토케첩(1/2), 연겨자(1/2), 간장(1/2), 설탕(1/2),
후춧가루(약간)

recipe

1 기름기 꼭 짠 참치에 **소재료** 넣고 비
벼서 참치소를 준비하고,

2 양상추는 먹기 좋게 뜯고, 치커리와
쌈채소는 깨끗이 씻어 물기 빼고,

3 아무것도 두르지 않은 팬에 토르티아
앞뒤로 구워서,

4 토르티아에 양상추와 치커리 놓고 준
비한 참치소를 얹고,

5 쌈채소로 덮어 눌러가며 돌돌 말아,

6 랩으로 꽁꽁 싸서 사선으로 잘라주면
끝.

참치삼색주먹밥

가까운데 나들이 갈 때 챙겨 가면 정말 요긴하고 맛있는 메뉴가 주먹밥이죠.
여기에 소스까지 뿌려주면
밖에서 사먹는 어떤 도시락보다 비주얼도 맛도 최고예요.

주재료 참치캔(300g), 따뜻한 밥(2
공기), 삶은 달걀 노른자(1개), 다진
청양고추(1), 김가루, 파슬리가루, 식
용유(적당량)

김치양념 다진 김치(2/3컵), 다진 파
(2), 설탕(1/2), 참기름(1)

마요양념 마요네즈(2), 다진 청양고
추(1), 검은 깨(약간)

밥양념 소금(약간), 참기름(1), 통깨(1)

recipe

아이들을 위해
청양고추를 넣지 않은
것도 따로 준비하세요.

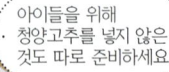

1 기름기를 뺀 참치(1개)에 **마
요양념**을 넣고 비벼 마요참
치를 만들고,

2 달군 팬에 식용유 두르고 기
름기 뺀 참치(1개)와 **김치양
념** 재료를 모두 넣고 볶아
김치참치를 만들고,

3 따뜻한 밥에 **밥양념** 해서 펴
고, 김치참치와 마요참치를
넣고 동그랗게 만들어,

4 삶은 달걀 노른자를 부숴서
굴리고, 김가루, 파슬리가루
에 굴려주면 끝.

베이컨떡볶음

제 레시피는 떡을 너무 좋아하는 딸을 위해 떡을 이용한 반찬이 많은데요.
하루는 딸 친구 엄마가 베이컨떡볶음을 먹어보더니 이건 어떻게 만드는지 물어서 알려주었더니
특별한 재료 없이도 참 맛있다고 하더라고요. 정말 이거 맛있거든요. ^-^

주재료 베이컨(4줄), 떡국 떡(1줌), 마늘(3개), 쪽파(2줄기), 식용유(약간)

양념 굴소스(1/2), 후춧가루(약간)

recipe

1 굳은 떡국 떡은 미지근한 물에 담가 서로 붙은 것은 떼어주고,

2 베이컨은 먹기 좋게 썰고, 마늘은 편으로, 쪽파는 송송 썰어 준비하고,

3 달군 팬에 식용유 살짝 두르고, 마늘과 베이컨을 볶다가,

4 떡국 떡과 **양념** 넣고 볶아 쪽파 올려주면 끝.

베이컨김치볶음밥

제가 김치볶음밥을 맛있게 만드는 비법은 '김치 국물로 간하기',
'마지막에 마요네즈로 코팅하기'입니다. 마요네즈는 참기름보다 느끼하지 않고,
부드럽고 고소한 맛을 더해준답니다. 참치김치볶음밥도 이렇게 만들어보세요. 만족스러우실 거예요.

주재료 베이컨(8줄), 다진 김치(2컵),
양파(1/4개), 쪽파(3줄기), 달걀(2개),
밥(2공기), 마요네즈(1), 식용유(적당량)
양념 김칫국물(5), 설탕, 소금, 후춧
가루(약간씩)

recipe

1 먹기 좋게 썬 베이컨은 바삭
하게 볶아 기름기를 빼고,

2 양파와 김치를 다져서 볶다
가 **양념**으로 간을 해주고,

3 밥 넣고 볶아서 마요네즈(1)
넣어 윤기를 주고,

4 베이컨과 쪽파 넣고 슬쩍 볶
아서, 달걀프라이 만들어 얹
어주면 끝.

BLT샌드위치

B.L.T는 베이컨, 레터스(양상추), 토마토의 약자를 따서 지어진 이름입니다.
우리에게는 햄치즈 샌드위치보다 유명하진 않지만 외국에서는 가장 기본이면서 가장 사랑받는 샌드위치랍니다.
요즘 급증하고 있는 브런치 카페에 요런 샌드위치들이 많은데요.
우리도 가끔은 B.L.T샌드위치와 아메리카노로 집에서 브런치 타임 가져봐요.^-^

주재료 베이컨(4줄), 식빵(4장), 로메인(4장), 토마토(1개), 버터, 마요네즈, 머스터드(적당량)

recipe

1 먹기 좋게 반 자른 로메인은 찬물에 담가 싱싱하게 두고,

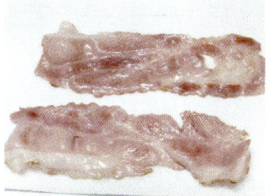

2 베이컨은 달군 팬에 구워 키친타월에 올려서 기름기 빼서 준비하고,

3 식빵은 버터를 살짝 발라 토스터기나 팬에 구워 한 장은 마요네즈, 다른 한 장은 머스터드를 펴 바르고,

4 마요네즈 바른 식빵 위에 베이컨, 로메인, 토마토를 올리고 머스터드 바른 식빵으로 덮어주면 끝.

Part 4.

해산물

우리 딸이 아장아장 걷고부터 시작된 층간소음 문제.
승자도 패자도 없는 이 싸움을 더 이상 할 수 없어 윗집인 우리가
매번 아기 손에 들려 이것저것 갖다드리며, "제가 뛰어서 죄송합니다." 했더니….
낚시가 취미이신 아랫집 아저씨가 낚시 다녀 오실 때마다 주시는 우럭~
그 신선한 자연산 우럭으로 매번 끓이는 매운탕!
우리는 이제 서로를 제일로 이해하고 위하는 이웃사촌이 되었습니다.^-^

손질법

마트에서 장을 보다 보면 간혹 해산물의 손질법을 잘 모르거나 자신이 없어서 머뭇거리다가 결국 사지 못하고 돌아서는 분들을 보게 됩니다. 이런 안타까운 상황들이 생기지 않게 하나하나 상세히 알려드리고 싶었습니다. 생선과 해산물은 쓰임도 다양하지만 굉장히 매력적인 식재료로 재료 손질이 끝나면 요리의 반을 한 거나 다름없습니다. 신선한 제철에 그리고 저렴할 때 넉넉히 구입해서 손질 한 후 보관해두면 필요할 때 편리하게 요리할 수 있습니다.

생선손질법

생선을 구입할 때에는 눈알이 튀어나오고 깨끗하고 선명한 것, 몸통에 탄력이 있는 것으로 고르세요. 특히 고등어는 아가미가 선홍색을 띠고, 등쪽은 청록색 광택이 나고, 배쪽은 은백색이 선명한 것이 좋아요. 갈치는 은분이 벗겨지지 않고 광택을 내며 흠집이 없어야 합니다. 생선은 용도에 따라 구이용, 조림용으로 구입할 때 1차 손질을 해오는데, 생선에 따라 약간씩 다른 2차 손질법을 알려드릴게요.

옅은 소금물에 씻어주면 맛이 달아나지 않아요

1 머리와 내장, 지느러미를 제거하고 뱃속에 검은 막은 떼어내고, 뼈 사이에 남아있는 피를 깨끗이 씻어주세요.

2 작은 생선의 경우 아가미로 나무젓가락이나 손을 넣어 내장을 꺼내세요.

3 칼등이나 끝으로 비늘을 살살 긁어주세요. 갈치와 병어도 은색이 비늘이랍니다.

4 두툼한 생선을 구이, 조림을 할 때에는 간이 잘 스며들 수 있게 어슷하게 칼집을 넣어주세요.

소금을 뿌려 주면 간도 배고 비린 맛이 줄며, 생선에 탄력이 생겨요.

5 냉동 보관할 때에도 밑손질을 해서 물기를 제거한 후 약하게 소금간을 해준 다음 보관하세요.

굴비도 비늘을 긁고 헹궈서 물기를 완전히 없애고, 살짝 말려서 보관하면 더욱 맛있어요.

6 1회분씩 나눠서 비닐랩으로 싸서 지퍼팩이나 밀폐용기에 담아두면 해동해도 냉동 전 상태가 유지되고, 요리하기도 간편해요.

오징어, 낙지손질법

오징어의 내장을 제거하고 다리를 자르는 1차 손질까지는 구입할 때 해주는 서비스 손질이에요. 그런 다음 집에 와서 껍질 벗기고 먹기 좋게 자르는 2차 손질 후 1회분씩 담아 냉동 보관해두면 다음번 요리가 굉장히 쉬워요. 저렴할 때 넉넉하게 구입해서 손질 후 냉동해두면 든든하지요.^-^

구입 시 냉동보다는 당연히 생물이 좋지만 생물이 없다면 잡아서 바로 얼린 선동오징어가 좋아요. 오징어는 눈이 툭 튀어나오고 몸통은 짙은 자주색에 윤기가 나면서 미끈거리지 않고 탄력 있는 것이 좋고, 낙지는 회갈색을 띄고 다리의 빨판이 오그라져 있는 것이 좋아요.

1 반 갈라 1차 손질해온 오징어는 안쪽 몸통에 가늘고 투명한 연골을 떼어내고,

2 키친타월을 이용해서 한 손은 몸통을 잡고, 다른 한 손은 껍질을 대각선 방향으로 잡아당겨서 껍질을 벗겨 깨끗이 씻고,

3 다리 사이에 입을 눌러서 딱딱한 검은 부분은 떼어내고, 다리는 손으로 여러 번 훑어내려 빨판껍질도 제거해서 깨끗이 씻고,

납작하게 펼쳐서 냉동하면 해동하기 편리해요.

4 몸통 안쪽에 칼집을 넣어 먹기 좋은 크기로 잘라서 1회분씩 냉동 보관해요.

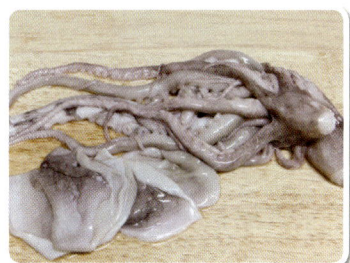

5 낙지는 머리의 가운데를 가위로 잘라서 내장을 떼어내고, 다리 양쪽 눈을 제거하고, 주꾸미도 머리를 뒤집어 내장을 떼어내고 다리 밑의 검은 뼈와 눈도 제거해주세요.

6 낙지와 주꾸미는 밀가루나 소금을 뿌려서 미끈거리지 않고 꼬들꼬들한 느낌이 들 때까지 주물러서 깨끗이 씻어주세요.

조개손질법

조개류는 생선보다 더 빨리 상하므로 바지락, 홍합, 꼬막 등을 고를 때는 살아있는 것을 구입해야 비리지 않고 탈이 없어요. 껍데기를 두드렸을 때 둔탁한 소리가 나거나 악취가 나면 상한 거예요. 살을 발라놓은 조갯살도 역한 비린내가 나지 않고 탄력이 있어야 합니다.

해감 시 조개를 체에 담아두면 씻을 때 해감이 묻지 않고 깨끗하게 빠져요.

1 봉지바지락의 경우 해감이 된 것이지만, 다른 조개류들은 옅은 소금물에 신문지를 덮어 3~4시간 해감을 해서 조개가 이물질을 뱉게 하세요.

2 찬물에서 박박 주물러 씻으면서 조개끼리 비벼주어 껍질에 붙은 이물질을 없애고,

3 홍합은 털같이 생긴 촉사를 잡아당겨 제거해주세요.

4 조개를 삶을 때에는 찬물을 부어 입이 모두 벌어질 때까지 삶아 벌어지지 않은 것은 버리세요.

5 굴은 찬물에 굵은 소금 뿌린 뒤 살살 씻어서 껍질이나 이물질을 골라내고, 찬물에 헹궈 체에 건져서 물기를 빼주세요.

6 조갯살도 옅은 소금물에 흔들어 씻어서 여러 번 헹궈 물기를 빼주세요.

새우손질법

새우 역시 살아 있는 생물이 가장 좋구요, 그렇지 않다면 머리와 다리가 제대로 붙어있는 것, 몸이 투명하며, 윤기 있고, 껍질이 단단한 것, 다리와 수염이 늘어지지 않은 것을 고르세요. 새우살의 경우 비린내가 심하지 않은 것으로 골라야 하고, 보관할 때에도 등쪽 내장을 빼고 수염을 자른 후 랩에 싸서 지퍼팩에 담아 냉동하세요.

1 옅은 소금물에 머리가 떨어지지 않게 살살 흔들어 씻고,

2 등쪽 두 번째 마디를 이쑤시개로 찔러 검은 내장을 빼주세요. 특히, 대하와 중하는 반드시 빼주어야 합니다.

3 껍질을 벗겨 요리할 때에는 머리를 떼어내고, 꼬리만 남기고 배에서 등쪽으로 한마디씩 돌려가며 벗기세요.

4 구부러지지 않고 반듯한 모양의 튀김을 하려면 배쪽에 잔 칼집을 넣어 근육을 끊고, 엎어놓고 눌러주세요.

5 튀김을 할 때에는 꼬리의 뾰족한 부분인 물집샘을 잘라 주어 튀지않게 해주세요.

6 쓰고 남은 새우는 4~5마리씩 지퍼팩에 담고, 새우살도 소금물에 헹궈 물기를 뺀 후 지퍼팩에 담아 냉동하세요.

꽃게손질법

꽃게무침이나 꽃게장처럼 날로 먹는 것은 살아있는 꽃게로 담는데요. 살아있는 꽃게는 손질이 어려우니 우선 물리지 않게 집게발부터 떼어내고 시작합니다.

꽃게는 등이 푸르스름한 흑갈색에 배는 우윳빛으로 윤기가 흐르는 것이 신선해요. 묵직하고 껍데기가 단단해야 살이 꽉 차 있으며, 몸통의 삼각형 딱지가 넓은 정삼각형 모양이면 암게이고, 길고 뾰족한 삼각형이면 수게인데 등딱지 양쪽 끝 뾰족한 부분이 붉은색을 띠면 알이 꽉 찬 거랍니다. 봄에는 알이 꽉 찬 암게가, 가을에는 살이 꽉 찬 수게가 맛있어요.

1 집게발에 손을 다치지 않게 가위로 자르고, 다리의 살이 없는 끝부분도 자르고,

2 솔로 몸통과 다리연결부위와 다리 마디마디를 꼼꼼히 닦아 지저분한 것들을 없애고,

> 등딱지 속의 내장은 고소한 감칠맛을 주니 긁어서 요리하거나 게살을 담는 그릇으로 활용하세요.

3 한 손은 배쪽 삼각형 부분을 들어 올리고, 다른 손은 등딱지 밑부분을 잡아당겨 등딱지를 벗겨내고,

4 해감과 모래가 끼어있을 수 있는 몸통 좌우에 붙어있는 아가미도 떼어내고 깨끗이 씻어 주세요.

5 몸통을 세워놓고 내리치듯 자르거나 가위로 잘라 2등분하고, 큰 것은 4등분해주세요.

전복손질법

전복은 껍질이 거칠고 단단하며 파르스름한 광택이 나는 것이 좋아요. 손으로 건드렸을 때 살이 오므라들고 광택과 탄력이 있는 것이 신선해요. 저렴할 때 구입해서 손질 후 랩에 싸서 지퍼팩에 담아 냉동 보관하세요.

1 전복은 몸통에 소금을 뿌려 솔로 문질러 씻고, 껍질도 쓸 경우 딱딱하게 붙은 이물질은 칼로 긁어내세요.

2 숟가락을 천천히 밀어 넣어 내장이 터지지 않게 전복 살과 껍질을 분리하고,

3 내장은 떼어두고, 먹을 때 느낌이 좋지 않은 빨갛고 하얀 입도 도려내세요.

4 전복죽을 만들 때에는 내장을 따로 두었다가 체에 걸러 넣어 주면 맛이 깊어져요.

잔멸치견과류볶음

밑반찬하면 제일 먼저 떠오르는 멸치볶음~ 몸에 좋은 견과류도 듬뿍 넣고 만들어보세요.
바삭하면서도 아작아작 과자와 식감이 같아선지 아이들도 잘 먹어요.
제가 바닥이 보일 때까지 먹는 내내 눅눅하지 않고 바삭한 멸치볶음 만드는 방법을 알려드릴게요.

주재료 잔멸치(2컵), 견과류(1컵), 식
용유(적당량), 통깨(1)

양념재료 간장(1), 올리고당(1), 설탕
(1)

recipe

1 아무것도 두르지 않은 팬에
견과류 살짝 볶아두고,

2 약불로 달군 팬에 식용유
두르고 잔멸치 달달 볶아서,

3 잠깐 불을 끄고 **양념재료** 넣
고, 중·약불에서 볶다가,

4 볶아놓은 견과류 넣고 버무
리듯 볶아 통깨(1) 뿌리면 끝.

멸치고추장무침

멸치반찬의 조리법은 다 거기서 거기 같지만 어떻게 만드느냐에 따라 굉장히 다른 맛을 낸답니다.
포인트는 비리지 않고 바삭하게 그리고 짜지 않아야 한다는 점!
그렇다면 미리 달달 볶아서 비린 맛은 날리고 바삭하게 만들어 고추장양념장에 무쳐보세요.

주재료 중멸치(2줌=150g), 참기름(1), 통깨(1)

양념장 고추장(3), 고춧가루(1), 다진 마늘(1/2), 설탕(1/2), 올리고당(1), 맛술(1)

recipe

가루나 불순물을 정리하면 무침이 깔끔해요.

1 아무것도 두르지 않은 팬에 중멸치를 넣고 달달 볶아,

2 볶은 멸치를 체에 걸러 털어 주고,

3 **양념장**을 만들어서,

4 젓가락으로 양념장을 고루 무쳐 참기름(1), 통깨(1) 뿌려 주면 끝.

멸치감자볶음

감자에 멸치와 청양고추를 넣어 씹는 맛과 깔끔한 맛을 함께 주면
아주 센스있는 밑반찬이 만들어져요. 아이를 위해서 청양고추 넣기 전에
볶은 감자와 멸치 몇 개 빼두면 센스 × 2!^-^

주재료 중멸치(1줌), 감자(2개), 청양
고추(2개), 굵은 소금(약간), 식용유
(적당량)

간장양념 간장(1과1/2), 다진 마늘
(1/2), 참기름(1/2), 설탕(1/3)

멸치양념 청주(1), 올리고당(1/2), 참
기름(1/2)

recipe

> 반 갈라 숭덩숭덩
> 썬 감자를 굵은 소금을
> 넣은 찬물에 담갔다가
> 물기 뺀 후 볶아주세요.

1 멸치는 마른 팬에 달달 볶아
준비하고,

2 달군 팬에 식용유 두르고 감
자를 볶다가 **간장양념** 넣고
볶아 한쪽에 밀어 두고,

3 멸치와 송송 썬 청양고추,
멸치양념 넣고 볶아서,

4 감자와 멸치 함께 볶아주면
끝.

멸치전

아이들 멸치 먹이기 힘드신가요?
멸치로 전을 만들어주면 일도 아닙니다.^-^
멸치인지 뭔지 생각도 안하고, 고소하고 맛있다며 마구 집어 먹거든요.

주재료 잔멸치(1줌=50g), 깻잎(5장), 당근(1/4개), 느타리버섯(3개), 식용유 (적당량)

반죽재료 밀가루(1컵), 물(1/2컵), 달걀(1개), 맛술(2)

recipe

1 잔멸치를 물에 가볍게 씻어 체에 밭쳐 물기 빼고,

2 깻잎은 반 접어 채 썰고, 당근, 느타리버섯은 다져 준비 하고,

3 반죽재료와 잔멸치, 야채들 넣고 반죽을 만들어서,

4 달궈진 팬에 식용유 두르고 한 숟가락씩 떠놓고 앞뒤로 노릇하게 지져주면 끝.

멸치들깨국수

전주 한옥마을에 가면 여고 앞에 유명한 국수집이 있어요. 늘 줄을 서서 기다려야만 맛볼 수 있는 맛집 중에 맛집인데
처음 온 사람들은 다소 볼품없는 국수 한 그릇에 실망을 했다가, 막상 먹으면 먹을수록 끌리는 그 맛에
누구나 빠져들게 되죠. 이번에 소개할 요리가 그 국수의 파파라치 요리입니다.^-^
가장 중요한건 멸치장국 맛이고요. 그 다음에는 꾸미로 올라가는 감칠맛을 내는 세 가지 양념이랍니다.

주재료 중면(2인분), 달걀(2개), 고춧
가루(2), 들깨가루(2), 김가루(2)

멸치다시마국물 물(10컵), 국멸치(1
줌), 다시마(5cm 2장), 무(2cm 반 토
막), 마늘(5개), 양파(1/2개)

양념재료 멸치액젓(2), 소금(적당량)

recipe

1 국멸치 먼저 달달 볶아서,

2 나머지 **멸치다시마국물** 재
료 넣고 끓여 2분 있다가 다
시마는 건져내고, 센 불에서
20분 더 끓여 체에 걸러 국
물을 내고,

3 **양념재료**로 간을 하고, 대파
송송 썰어 넣고, 중면도 삶
고,

4 달걀물 만들어 풀고, 그릇에
1인분씩 담아 김가루(2), 고
춧가루(2), 들깨가루(2) 한 숟
가락씩 얹어주면 끝.

오징어채고추장무침

오징어채를 마요네즈에 재웠다가 양념에 무쳐주면 딱딱하지 않고 부드럽고 고소해요.
오징어채 반찬은 만들어두면 든든한 기본 밑반찬이죠.
손으로 간단하게 마는 꼬마김밥에 넣어주면 이것이 바로 동대문 김밥이고요.

주재료 오징어채(150g), 마요네즈(2),
식용유(약간), 통깨(적당량)

양념장 고추장(2), 고춧가루(1), 다진
마늘(1/2), 설탕(1), 간장(1), 올리고당(3),
물(2), 생강가루(약간)

recipe

볶지 않고 그냥
무치세요. 그래야
부드러워요.

1 오징어채의 굵은 것은 먹기
좋게 반 갈라 찢어 주고,

2 마요네즈(2)에 버무려 재워
서 부드럽게 만들어,

3 달군 팬에 식용유 두르고,
양념장 넣고 바글바글 끓여,

4 불 끄고 오징어채를 넣어 버
무려서 통깨 뿌려주면 끝.

오징어채골뱅이무침

사실 오징어채보다는 골뱅이가 메인이지만
매콤달콤한 양념이 밴 오징어채가 부드러우면서도
식감이 쫄깃하고 참 맛있어서 오늘은 메인 재료로 쓰려고요.
무친 뒤 생기는 국물을 오징어채가 모두 흡수해주니
오징어는 부드러워지고, 요리도 깔끔해지죠.
여기에 소면을 곁들여 비벼주면 한 끼 식사로도 충분하답니다.

주재료 골뱅이(1캔=235g), 오징어채(1줌
=50g), 오이(1/2개), 양파(1/2개), 당근(1/3
개), 파채(2대 분량), 청양고추(2개), 소면
(1줌=200g), 참기름(약간)

양념장 고추장(3), 고춧가루(4), 다진 마늘
(1), 간장(2), 식초(2), 설탕(2), 맛술(1), 올리
고당(1), 골뱅이국물(5), 생강가루, 소금, 통
깨(약간씩)

recipe

> 골뱅이국물(5)은
> 양념장에 넣어야 하니
> 버리지 마세요.

1 체에 밭쳐 국물을 뺀 골뱅이는 먹기
좋게 썰고,

2 오이, 당근은 반 갈라 어슷 썰고, 양파
는 채 썰고,

3 파채와 채 썬 양파는 찬물에 담갔다가
물기 빼고,

4 오징어채도 먹기 좋게 잘라 준비하고,

5 골뱅이와 준비한 채소들, 오징어채와
양념장 넣어 조물조물 무치고,

6 소면은 끓는 물에 삶아 끓어오르면 찬
물(1컵) 붓고 한소끔 더 삶아서 찬물에
여러 번 헹궈 물기 빼고, 참기름에 버
무려 골뱅이무침과 함께 내면 끝.

오징어채간장볶음

요즘은 학교에서 급식을 하지만 우리 학교 다닐 때는 도시락을 두 개씩 들고 다녔잖아요.
그 때 단골반찬중 하나가 바로 오징어채간장볶음이죠.^-^ 추억하며 한 번씩 만들어보는데
잘라서 주먹밥에 넣어도 맛있고, 은근 손이 가는 인기 밑반찬입니다.

주재료 오징어채(100g), 마요네즈
(2), 식용유, 통깨(적당량)

양념장 간장(2), 다진 마늘(1/2), 설
탕(1/2), 올리고당(2), 맛술(2), 생강가
루(적당량)

recipe

1 오징어채를 먹기 좋게 잘라
마요네즈(2)에 버무려 재웠
다가,

2 달군 팬에 식용유 두르고,
양념장 바글바글 끓여서,

3 오징어채를 넣고 버무리듯
살짝 볶아 통깨 뿌려주면
끝.

쥐포고추장무침

주로 간식이나 안주거리로 생각했던 쥐포로 반찬을 만들어봤어요.
청양고추 송송 썰어 올려줘도 칼칼한 맛이 굿~ 이랍니다.

주재료 쥐포(6장), 통깨(적당량)

양념장 고추장(1), 고춧가루(1), 식초(1), 간장(1/2), 다진 마늘(1/2), 설탕(1), 올리고당(1), 참기름(1/2)

recipe

1 쥐포를 물에 살짝 헹궈서 굽고,

2 먹기 좋은 크기로 잘라서,

3 **양념장** 만들어 조물조물 무쳐 통깨 뿌리면 끝.

미역줄기볶음

오돌오돌, 꼬들꼬들~ 식감이 좋은 미역줄기예요.
칼로리도 적고 변비에도 좋아 다이어트반찬으로도 그만이지요.^-^
아이쿠~ 이놈의 다이어트는 평생 숙제인거죠.ㅜㅜ

주재료 염장미역줄기(1팩=400g),
당근(1/4개), 양파(1/2개), 식용유, 통
깨(적당량)

양념재료 다진 마늘(1), 맛술(1), 참
기름(1)

recipe

물을 갈아
주면서 소금기를
빼주세요.

1 염장미역줄기를 여러 번 주
물러 씻어 찬물에 30분 이
상 담가두고,

2 당근과 양파는 채 썰고, 물
기 뺀 미역줄기는 먹기 좋게
잘라 준비하고,

3 달군 팬에 식용유 두르고
다진 마늘을 볶아 향을 낸
후,

4 미역줄기와 양파, 당근을 넣
어 볶다가 맛술, 참기름 넣
고 한 번 더 볶아 통깨 뿌려
주면 끝.

미역냉국

미역냉국은 닭갈비에 세트로 나오는 국으로 유명하죠.
더운 여름 날 호로록~ 흡입하기도 좋고요.
불 없이 하는 요리라 만드는 사람도 먹는 사람도 시원하답니다.

주재료 마른 미역(1/4컵), 오이(1/2
개), 양파(1/6개), 생수(3컵), 얼음(1
컵), 통깨(적당량)

양념 간장(1), 소금(1), 식초(3), 설탕
(2)

recipe

1 마른 미역은 물에 담가 불려
서 깨끗이 씻어 먹기 좋게
썰고,

2 오이와 양파는 곱게 채 썰어
준비하고,

3 오이, 양파, 미역에 **양념**넣고
간해서,

4 시원한 생수(3컵) 붓고 얼음
(1컵)과 통깨 넣으면 끝.

고등어시래기조림

시래기를 넣고 조린 고등어를 보면 식욕이 마구 상승됩니다.
이제 그만 상승해도 될 거 같은데 아무래도 식욕에는 상한선이 없는 거 같아요.ㅜㅜ
비린 맛 잡아주는 된장과 구수한 맛이 더해진 양념장을 이용해
시래기 대신 무, 감자, 고구마순, 머위대 등 재료만 바꿔가며 다양하게 만들어 드세요.

주재료 고등어(1마리), 무청시래기
(1줌=600g), 대파(1대), 홍고추(1개),
멸치다시마국물(2컵)

양념장 다진 마늘(1), 고추장(1), 된
장(1/2), 고춧가루(1), 간장(2), 청주(1),
설탕(1/2), 참기름(1), 생강가루, 후춧
가루(약간씩)

recipe

1 삶은 시래기를 여러 번 헹
궈 찬물에 담가 묵은내를
빼내고,

2 조림용으로 어슷 썬 고등
어의 내장과 지느러미 제
거하고, 대파와 고추도 어
슷 썰고,

3 시래기는 먹기 좋게 썰어
2/3 먼저 깔고, 고등어와 고
추, 대파, 남은 시래기 얹고,

4 멸치다시마국물(2컵)을 붓
고, 양념장을 넣고 국물이
자작할 때까지 조려주면 끝.

고등어김치보쌈

잘 익은 김치에 폭 쌓여있는 고등어를 꺼내서 김치와 싸먹는 그 맛은
음~ 글로는 표현이 안되는 맛이죠.
너무 밥도둑이 많은 것 같지만 얘도 그겁니다.^-^

주재료 고등어(1마리), 포기김치(4줄기), 멸치다시마국물(2컵), 청양고추(2개), 대파(1/2대), 무(큼직하게 반달 썰어 6개)

고등어밑간 청주(1), 생강가루, 후춧가루(약간씩)

양념장 다진 마늘(1), 고춧가루(2), 고추장(1), 간장(1), 맛술(1), 설탕(2/3)

양념이 밸 수
있도록 무에 양념장의
고춧가루(1)를 먼저
뿌려줬어요.

recipe

1 고등어는 뼈 없게 포를 떠 2 등분해서 **고등어밑간**하고,

2 큼직하게 반달썰기 한 무 깔고, 소를 턴 포기김치를 고등어에 돌돌 말아 무 위에 올리고,

3 **양념장** 만들어 멸치다시마 국물(2컵)을 붓고 고루 풀어 끓이고,

4 끓어오르면 불 줄이고 10분 이상 더 끓여 어슷 썬 청양 고추와 대파 넣으면 끝.

고갈비

같은 요리인데 '고등어 양념구이' 하면 밥반찬 같고, '고갈비' 하면 술안주 느낌이 나죠?
양념을 해서 갈비처럼 구워 뼈를 잡고 뜯어 먹는 요리여서 고갈비라 불리나봐요.
밥반찬이나 술안주로 OK~ Let's go갈비!!

주재료 생고등어(1마리), 굵은 소금
(1/2), 풋고추(1개), 식용유(적당량)

양념장 고춧가루(1), 고추장(1), 청주
(1), 간장(1/2), 다진 마늘(1), 다진 파
(2), 올리고당(1), 참기름(1/2), 후춧가
루, 생강가루, 통깨(약간씩)

recipe

1 생고등어를 깨끗이 씻어 굵은 소금(1/2) 뿌려 20분간 재우고,

2 풋고추는 송송 썰고, 양념장도 만들어 두고,

3 달군 팬에 식용유 두르고 키친타월로 물기를 제거한 고등어 노릇하게 앞뒤로 구워,

4 양념장 발라가며 타지 않게 약한 불에서 구워 풋고추 올려주면 끝.

병어조림

병어는 부드럽고 지방이 적은데다가 영양도 풍부하고, 소화도 잘돼서
한번 먹어본 사람이라면 누구나 만족하고 또 찾게 되는 생선입니다.
병어는 가을이 제철이니 맛이 오른 제철에 조림으로, 찌개로, 맛있게 드세요.

주재료 병어(대 1마리), 무(1줌), 쪽파
(1줌), 풋고추, 홍고추(1개씩), 멸치다
시마국물(2컵)

양념장 고춧가루(2), 고추장(1), 간장
(3), 다진 마늘(1), 설탕(1/2), 올리고당
(1/2), 청주(1), 참기름(1), 후춧가루, 통
깨(약간씩)

recipe

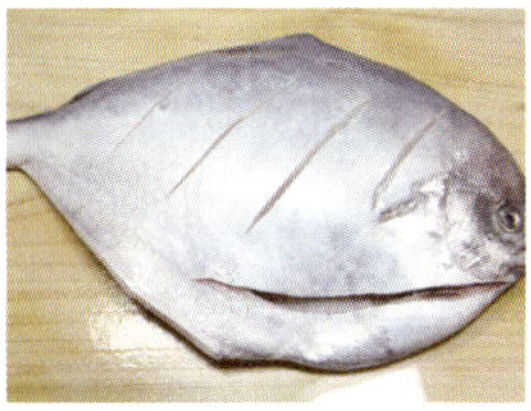

1 내장을 제거한 병어는 꼬리
와 지느러미를 잘라 칼집을
내어 준비하고,

2 무는 큼직하게 썰고, 쪽파는
5cm 길이로, 고추는 어슷
썰어.

3 무 깔고 **양념장** 반 넣고, 멸
치다시마국물(2컵) 부어 무
가 익을 때까지 끓이다가,

4 병어와 고추, 쪽파 모두 넣
고 반 남은 양념장 끼얹어가
며 조려주면 끝.

갈치찌개

갈치는 보통 조림이나 구이로 즐겨 드시죠?
근데 찌개도 참 맛있어요.
무를 넣으면 시원하고, 김치를 넣고 잘박하게 끓여도 그 맛 또한 별미예요.

주재료 갈치(대 1마리), 무(4cm 1토막), 양파(1/2개), 대파(1대), 홍고추(1개), 쑥갓(1줌), 멸치다시마국물(5컵), 굵은 소금(약간)

양념장 다진 마늘(1), 고춧가루(3), 국간장(2), 멸치액젓(1), 맛술(1), 소금, 후춧가루(약간씩)

recipe

> 은색 옷이 갈치의 비늘이랍니다.

1 갈치는 내장과 지느러미를 제거하고 비늘 벗겨 깨끗이 씻은 후, 굵은 소금 뿌려 10분 이상 재우고,

2 무는 나박 썰고, 양파도 비슷한 크기로, 고추와 대파는 어슷 썰어 준비하고,

3 멸치다시마국물(5컵)에 양념장 풀어 무와 양파 넣고 끓이다가,

4 무가 익으면 갈치 넣고 끓이다가 고추와 대파, 쑥갓 얹어주면 끝.

갈치조림

갈치가 다른 생선에 비해 비싸서일까요. 왜 이렇게 맛있는 거죠?ㅎㅎ
양념이 푹 밴 무도 정말 맛있어요.
솔직히 맛있는 갈치조림 하나면 다른 반찬이 필요 없지요.^-^

주재료 갈치(대 1마리), 무(4cm 1토막), 대파(1대), 풋고추, 홍고추(1개씩), 굵은 소금(약간), 물(3컵)

양념장 고춧가루(2), 고추장(1), 간장(3), 청주(1), 다진 마늘(1), 설탕(1/2), 올리고당(1/2), 참기름(1), 생강가루, 후춧가루(약간씩)

recipe

1 갈치의 은색 비늘을 칼로 긁어 굵은 소금 뿌려 10분 이상 재우고,

2 무는 큼직하게 썰어 넣고, 물(3컵)을 부어 끓이다가,

3 무가 반쯤 익으면, 갈치와 **양념장** 넣고 팔팔 끓여서,

4 어슷 썬 대파와 고추 넣고 국물을 끼얹어가며 조려주면 끝.

삼치양파구이

삼치는 특성상 살이 많아 먹을 게 많은 생선 중 하나죠.
이번에 소개하는 삼치구이의 양념장은,
유자청으로 소스를 만들어 조렸더니 향긋하면서도 달콤짭짤한 맛이 잘 어울리네요.
참고로 비린 맛을 잡으려면 된장을 넣는 것이 좋고, 굴소스를 넣으면 색감이 생겨 비주얼도 좋아요.

주재료 삼치(1마리), 양파(1개), 청주(2), 식용유(약간)

양념장 된장(1), 간장(3), 맛술(2), 설탕(1/2), 유자청(2), 참기름(1/2), 물(5), 소금, 후춧가루(약간씩)

recipe

1 먹기 좋게 토막 낸 삼치에 청주(2)를 뿌려두고,

2 양파는 채 썰어 준비하고,

3 **양념장** 만들어서 1/2 가량은 삼치에 골고루 뿌려 10분 정도 재우고,

4 중불로 달군 팬에 식용유 두르고 삼치 앞뒤로 구워서, 양파 올리고 남은 양념장 넣어 조려주면 끝.

삼치불고기

이번에는 살이 많은 삼치로 불고기를 했어요.
구입할 때 포를 떠달라고 하면 전문가의 손길로 두 번의 칼질이면 뼈만 싹 제거가 됩니다.
이렇게 삼치 살로만 양념해서 순살삼치불고기를 만들면 먹기도 편하고 아주 살살 녹습니다.^-^

주재료 삼치(1마리), 식용유(적당량)
양념장 고춧가루(1), 고추장(1/2), 간장(2), 다진 마늘(1/2), 올리고당(1/2), 설탕(1/2), 맛술(1), 참기름(1/2), 생강가루, 후춧가루(약간씩)

recipe

1 포를 떠서 뼈를 제거한 삼치는 한입 크기로 먹기 좋게 썰고,

2 **양념장** 만들어서 삼치에 재웠다가,

3 달군 팬에 식용유 두르고 앞뒤로 구워주면 끝.

꽁치감자조림

꽁치는 그냥 통째로 굵은 소금 뿌려서 구워 먹는 것도 맛있지만,
얼큰한 양념에 감자와 자작하게 조려먹는 것도 참 맛있었어요.
꽁치 4마리가 한 팩에 줄 맞춰 서 있는 것으로 사왔는데
식구가 셋인 우리는 두 마리는 어제 굽고, 두 마리는 오늘 조렸어요.^-^

주재료 꽁치(2마리), 감자(2개), 양파
(1/2개), 대파(1/2대), 풋고추, 홍고추
(1개씩)

양념장 고춧가루(2), 고추장(1/2), 다
진 마늘(1), 간장(2), 국간장(1), 맛술(2),
설탕(1/2), 올리고당(1), 생강가루, 후
춧가루(약간씩)

멸치다시마국물 국멸치(10마리), 다
시마(사방 5cm 1장), 물(3컵)

recipe

> 꽁치의 내장과
> 머리, 꼬리는 제거하고
> 먹기 좋게
> 2등분하세요.

1 감자는 도톰하게 썰고, 대파
와 고추는 어슷 썰고, 양파
는 채 썰어 준비하고,

2 **멸치다시마국물** 재료와 감
자를 넣고 끓이다가 끓어오
르면 다시마는 건져내고, 8
분 정도 후에 멸치도 건져
국물 만들고,

3 **양념장** 고루 풀고, 꽁치 넣
고 양념국물을 얹어가며 익
혀서,

4 양파, 대파, 고추 넣고, 국물
을 자작하게 조려주면 끝.

꽁치장어맛구이

우리 집 사람들은 장어를 정말 좋아하는데 비싼 장어를 매번 먹일 수 없어 고민 끝에
길쭉하니 비슷하게 생긴 꽁치를 장어로 둔갑시켜 봅니다. 꽁치의 잔가시는 족집게로 쏙쏙 뽑아주고,
장어구이에 바르는 소스 만들어 구워주면 미션 성공^-^~

주재료 꽁치(3마리), 생강(1톨), 마늘
(2개)

유장 간장(1), 참기름(2)

양념장 간장(3), 고추장(1/2), 고춧가
루(2), 청주(1), 다진 마늘(2), 다진 파
(1), 다진 생강(1/4), 설탕(1/2), 올리고
당(1), 후춧가루(약간), 물(1/3컵)

recipe

꽁치의 내장과 머리,
꼬리는 제거하고 먹기
좋게 2등분하세요.

꽁치 껍질에
칼집을 내면 또로록
말리지 않아요.

1 꽁치의 머리와 꼬리는 자르
고, 배 쪽을 갈라 한 장으로
펴서 가시 제거하고,

2 곁들일 생강은 채 썰어 찬물
에 담갔다가 건지고, 마늘은
저며 썰고

3 꽁치는 껍질 쪽에 칼집을
넣고, **유장**을 발라 살짝 굽
고,

4 **양념장** 만들어 꽁치 앞뒤로
발라가며 구워서 먹기 좋게
썰어 생강채와 마늘 곁들이
면 끝.

꽁치캔김치찌개

꽁치통조림으로 김치찌개를 끓일 때마다
'맛있다'를 연발하면서 남편이 하는 말이 있어요.
"우리 전쟁나면 비상식량으로 꽁치통조림 사재기하자."
하지만 어느 집이나 그러하듯 매일 매일이 전쟁통인 우리 집에는
날마다 꽁치통조림이 그득그득 합니다.ㅎㅎ

주재료 꽁치통조림(1개=400g), 김치(1/4 포기), 두부(1/2모), 양파(1/3개), 청양고추(1개), 대파(1/2대), 식용유(적당량), 고춧가루(1)

양념재료 고추장(2), 까나리액젓(1), 설탕(1/2), 소금, 후춧가루(약간씩)

멸치다시마국물 국멸치(10마리), 다시마(사방 5cm 1장), 물(5컵)

recipe

1 **멸치다시마국물**을 내서 체에 걸러두고,

2 양파는 채 썰고, 청양고추, 대파는 어슷 썰고, 두부와 김치도 먹기 좋게 썰고,

3 식용유 두르고 김치와 **양념재료** 넣고 볶아서,

4 꽁치 넣고 멸치다시마국물을 부어 끓이다가,

5 두부와 양파 넣고 바글바글 끓여서,

6 대파, 청양고추, 고춧가루(1)를 넣고 한 소끔 끓여주면 끝.

조기양념조림

부드럽고 담백한 조기는 누구나 좋아하는 생선 중 하나죠.
하지만 오늘은 늘 먹는 구이 말고, 맛있는 양념장에 조린 조기양념조림을 해볼게요.
이거 역시 제대로 된 밥도둑이네요.^-^

주재료 조기(2마리), 무(3cm 1토막),
쪽파(3줄기), 소금(적당량), 물(2컵)
양념장 간장(1), 국간장(1), 고춧가루
(1/2), 다진 마늘(1/2), 올리고당(1/2),
청주(2), 참기름(1), 깨소금(1/2), 물(1컵)

recipe

배를 가르지 말고,
아가미로 내장을
빼주세요.

무는 조기와 익는
시간차가 크니
미리 익혀주세요.

1 조기는 비늘을 긁어내고 아
가미와 내장 제거하고, 깨끗
이 씻어 몸통에 잔 칼집을
넣어 소금 뿌려 두고,

2 무는 나박 썰어 바닥에 깔
고, **양념장** 1/2과 물(2컵)을
넣어 끓이다가,

3 조기 넣고, 반 남은 양념장
과 송송 썬 쪽파 넣어 양념
국물 끼얹어가며 조려주면
끝.

조기찜

생선찜하면 고명을 올리고 빨강, 초록 고추로 화려하게 장식한 그 찜이 떠오르시나요?
생선을 튀기듯 바삭하게 구워 상큼한 프렌치드레싱 부어주는 퓨전찜 스타일의 조기찜은 어떠세요?
입맛에 잘 맞으실 거라고 확신합니다.^-^

주재료 조기(2마리), 녹말가루(2), 식
용유(적당량)

밑간 청주(2), 소금(약간)

프렌치드레싱 올리브유(2), 설탕(1/4),
식초(1), 레몬즙(1), 다진 당근(1), 다진
양파(1), 다진 풋고추(1), 소금, 후춧가
루(약간씩)

recipe

> 칼집이 벌어지고
> 껍질이 부풀어 오를
> 때까지 튀기듯
> 구워주세요.

> 드레싱을 포크로
> 저어서 뽀얗게 만들어서
> 냉장고에 차게 두면
> 느끼함이 덜하고
> 맛이 깔끔해요.

1 비늘을 긁어내고 손질한 조
기에 잔 칼집을 내어 밑간해
두었다 녹말가루(2) 묻히고,

2 달군 팬에 식용유 넉넉히
두르고 앞뒤로 구워서.

3 프렌치드레싱 만들어서 냉
장고에 차게 두었다가 조기
에 끼얹어주면 끝.

조기찌개

저는 명절에 선물로 들어온 굴비세트나 물 좋은 생조기를 만나면
제일 먼저 조기찌개가 떠오릅니다.
얼큰하고 시원한 조기찌개 한 숟가락 떠먹으면서 나오는 소리 있잖아요. 캬아~~

주재료 조기(3마리), 무(3cm 1토막), 대파(1대), 풋고추, 홍고추(1개씩), 소금(약간)

양념장 다진 마늘(1), 국간장(1), 고춧가루(3), 청주(2), 생강가루, 후춧가루(약간씩)

멸치다시마국물 국멸치(10마리), 다시마(5cm 1장), 물(5컵)

recipe

1 **멸치다시마국물** 내서 체에 걸러 준비하고,

2 조기는 비늘을 긁어내고, 꼬리와 지느러미를 자른 후 아가미로 내장 빼고,

3 무는 나박 썰고, 대파와 고추는 어슷 썰어 준비하고,

4 바닥에 무를 깔고 조기와 **양념장** 얹고, 멸치다시마국물을 붓고 끓이다가 소금간하면 끝.

우럭찜

퓨전조기찜에 프렌치드레싱을 곁들였다면
우럭찜에는 간장으로 만든 오리엔탈드레싱으로 맛을 낼까 합니다.
비린 맛을 잡아줄 레몬즙과 상큼하게 톡 쏘는 식초,
느끼함을 없애줄 매콤한 고추기름까지 더해지니 그 맛이 환상이군요.

주재료 우럭(소 2마리), 녹말가루(3),
양파(1/2개), 쪽파(5줄기), 부추(1줌),
어린잎채소(1줌), 생강채(반톨 분량),
소금, 식용유(적당량씩)

오리엔탈드레싱 청양고추, 홍고추
(1개씩), 간장(1/2컵), 식초(1/2), 레몬
즙(1), 설탕(1), 꿀(1), 고추기름(1), 참기
름(1), 후춧가루(약간)

recipe

청양고추, 홍고추는
송송 썰어 씨를
빼고 드레싱을
만들어주세요.

1 우럭은 비늘과 내장을 제거
하고 앞뒤로 칼집을 넣어 소
금을 뿌려 밑간해서 녹말가
루(3)로 옷을 입히고,

2 양파는 가늘게 채를 썰고, 부
추와 쪽파는 4cm 길이로 썰
고, 어린잎채소도 준비하고,

3 우럭이 반 잠길 정도로 식용
유 붓고 180℃로 예열해서,
우럭을 넣고 국자로 기름을
끼얹어가며 튀겨서,

4 튀겨 낸 우럭에 **오리엔탈드
레싱** 뿌리고, 준비한 채소
얹어내면 끝.

우럭회무침

쫄깃하고 신선한 생선회에 상큼한 과일과 풋풋한 야채를 넣어
매콤달콤한 초고추장에 무쳐먹는 회무침~ 그대로 밥 위에 얹으면 회덮밥이 되고,
그냥 먹어도 맛있는 회무침이지만 아무래도 알코올 없이는 불가능하겠는데요.^-^

주재료 우럭회(1팩=300g), 오이(1/3
개), 양배추(1줌), 쑥갓(3줄기), 깻잎(5
장), 마늘(2개), 미나리(5줄기), 사과
(1/4개), 배(1/4개), 방울토마토(5개)

초고추장 고추장(5), 설탕(2), 올리고
당(1/2), 연겨자(1/3), 연와사비(1/3), 식
초(2), 레몬즙(1), 참기름(1), 깨소금(1)

recipe

1 오이는 반 갈아 어슷 썰고,
양배추와 깻잎은 채 썰고,
마늘은 편으로, 쑥갓은 4cm
길이로 썰어주고,

2 사과와 배는 부채꼴 모양으
로 납작하게 썰고, 방울토마
토는 반 가르고, 미나리는
4cm 길이로 썰어 준비하고,

3 초고추장도 만들어서,

4 채소와 과일, 우럭회를 담고
초고추장 얹어주면 끝.

우럭물회

바닷가 근처 횟집에서 회를 먹다가 문득 예전에 제주도에서 먹었던 명품 물회가 생각나서 주문했더니
무심하게 초고추장과 사이다를 한 병 주더군요. 전 그때 그 명품 물회를 꼭 만들어보리라 생각했죠.
시행착오 끝에 시판 냉면육수를 넣어 간단하면서도 맛있는 물회를 만들어 낼 수 있었어요.^-^
그럼 지금부터 명품 물회를 만드는 저만의 비밀 레시피를 소개할게요.

주재료 우럭회(1팩=300g), 배(1/4개), 상추(1/2줌), 양배추(1줌), 깻잎(5장), 오이(1/3개), 청양고추, 홍고추(1개씩), 얼음(적당량)

물회육수 시판 냉면육수(1봉지=300g), 고추장(2), 고춧가루(1/2), 식초(2), 설탕(1/2), 올리고당(1/2), 다진 마늘(1)

recipe

1 우럭회는 곱게 채 썰어 냉장고에 차게 두고,

2 양배추, 상추, 깻잎, 오이, 배는 채 썰고, 고추는 송송 썰어 준비하고,

3 **물회육수**를 만들어 냉동실에 두어 살얼음 얼게 만들고,

4 오목한 그릇에 썰어 놓은 채소를 담고 우럭회를 올리고, 물회육수를 부어 얼음 띄어 주면 끝.

우럭매운탕

우리 딸이 아장아장 걷고부터 시작된 층간소음 문제.
승자도 패자도 없는 이 싸움을 더 이상 할 수 없어
윗집인 우리가 매번 아기 손에 들려 이것저것 갖다드리며,
"제가 뛰어서 죄송합니다." 했더니….
낚시가 취미이신 아랫집 아저씨가 낚시 다녀 오실 때마다 주시는 우럭~
그 신선한 자연산 우럭으로 매번 끓이는 매운탕!
우리는 이제 서로를 제일로 이해하고 위하는 이웃사촌이 되었습니다.^-^

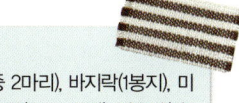

주재료 우럭(중 2마리), 바지락(1봉지), 미더덕(1줌=80g), 무(3cm 1토막), 애호박(1/3개), 대파(1대), 청양고추(2개), 홍고추(1개), 쑥갓(1줌), 굵은 소금(약간)

다시마국물 다시마(사방 5cm 3장), 생강(1톨), 통후추(1), 물(6컵)

양념장 국간장(2), 고춧가루(4), 다진 마늘(2), 양파즙(2), 청주(1), 후춧가루(약간)

recipe

1 찬물에 다시마를 넣고 불렸다가 나머지 **다시마국물** 재료를 넣고 끓여서 국물 만들고,

소금물에 담가 두면 살이 단단해져서 끓여도 부서지지 않아요.

2 손질한 우럭은 굵은 소금 넣은 물에 30분 정도 담가 두고,

3 무는 나박 썰고, 애호박은 반달로, 고추와 대파는 어슷 썰어 준비하고,

양념장을 만들어 숙성시간을 가지면 훨씬 맛이 좋아요.

4 무는 **양념장**과 함께 다시마국물에 넣어 끓이고,

5 무가 반쯤 익으면 바지락, 미더덕 넣고 끓이다가, 다시 끓어오르면 우럭을 넣고,

6 마지막으로 애호박, 고추, 대파 넣어 끓인 후, 불을 끄고 쑥갓을 얹어내면 끝.

동태찌개

추운 겨울에 먹는 뜨끈한 국물의 대명사인 동태찌개는 꽁꽁 언 몸과 추운 마음까지 녹여줘요.
퇴근길에 동태 한 마리 사러갔더니 바지락과 미더덕은 덤이라며
챙겨주시는 아저씨 덕분에 끓이기도 전에 벌써 맘이 훈훈해지네요.^-^

주재료 동태(1마리), 무(3cm 1토막), 두부(1/4모), 애호박(1/3개), 대파(1/2대), 홍고추(1개), 쑥갓(3줄기), 바지락(1줌), 미더덕(1줌), 멸치다시마국물(5컵), 굵은 소금(약간)

양념장 고추장(2), 고춧가루(3), 다진마늘(1), 국간장(1), 청주(1), 멸치액젓(1), 소금(1/2), 생강가루, 후춧가루(약간씩)

recipe

1 동태는 안쪽 얇은 막과 바깥쪽 비늘을 긁어내고, 바지락과 미더덕도 옅은 소금물에 흔들어 씻어 준비하고,

2 무는 나박 썰고, 애호박은 반달로, 고추와 대파는 어슷 썰고, 두부도 먹기 좋게 썰고,

3 멸치다시마국물(5컵)에 무를 넣고, **양념장** 1/3을 넣어 끓이다가,

4 무가 반쯤 익으면 동태와 남은 양념장 넣고, 동태가 익으면 두부와 애호박, 고추 넣어 끓이다가 대파와 쑥갓 넣어주면 끝.

동태찜

동태뿐만 아니라 꽃게, 아구 등 각종 해물찜에 모두 적용되는 레시피입니다.
찜요리를 할 때에는 콩나물과 야채들의 아삭함을 유지하는 것이 관건인데 콩나물을 살짝 데쳐 양념해서
마지막에 올려내니 아삭함이 제대로 느껴지네요. 사실 저도 찜으로 유명한 맛집을 소개하는 프로그램에서
조리과정을 슬쩍 본 후 따라해 보고 검증해서 알려드리는 거예요.^-^

주재료 동태(2마리), 무(2cm 1토막),
콩나물(1봉지=400g), 미나리(1줌), 풋
고추, 홍고추(1개씩), 양파(1/3개), 대
파(1대), 물(2컵), 참기름(1), 통깨(약간)

밑간 소금, 후춧가루, 생강가루(약간
씩)

양념장 고춧가루(1), 고추장(4), 다진
마늘(2), 간장(2), 설탕(1), 올리고당(2),
청주(2), 연와사비(1/2), 소금, 생강가
루(약간씩)

녹말물 녹말가루(2), 물(4)

recipe

양파는 채로, 대파와
홍고추는 어슷 썰고
미나리 4cm 길이로
썰어주세요.

1 해동한 동태는 키친타월로
물기를 흡수시켜 **밑간**을
하고,

2 무를 큼직하게 썰어 놓고
그 위에 동태 올리고 콩나
물을 얹은 후, 물(2컵)을 붓
고 뚜껑을 덮어 센 불에서
끓이고,

3 콩나물은 잠시 걷어내고, **양
념장** 만들어서 반만 넣어 볶
다가 **녹말물**을 만들어 부어
주고,

4 남은 양념장은 썰어놓은 채
소와 콩나물을 넣고 버무려
서 동태 위에 얹고 살짝 볶아
참기름(1), 통깨 뿌려주면 끝.

대구지리

대구는 맛이 담백하고 비린 맛이 적어
국물 맛을 시원하게 만들어주니 맑은 국물인 지리로 제격이에요.
대구는 '큰 입'이란 뜻으로 원래 입도 크지만 식성이 좋아
뭐든 다 먹어치운다 해서 대구(大口)랍니다.

주재료 대구(1마리), 무(3cm 1토막), 콩나물(1줌), 애호박(1/4개), 대파(1대), 쑥갓(5줄기), 굵은 소금(적당량)

다시마국물 다시마(사방 5cm 2장), 건고추(2개), 물(6컵)

양념 다진 마늘(1), 참치액(1), 청주(2), 굵은 소금(적당량)

recipe

> 샤워하듯 뜨거운 물을 부어주면 생선살에 탄력이 생겨 국을 끓여도 풀어지지 않아요.

1 대구는 지느러미 떼고 칼등으로 긁어 비늘을 제거해서 굵은 소금 뿌려 20분 정도 두었다가, 샤워하듯 뜨거운 물을 부어 주고,

2 무는 나박 썰고, 애호박은 반달 썰고, 대파는 어슷 썰고, 쑥갓과 콩나물도 깨끗이 씻어 준비하고,

3 **다시마국물** 재료 넣고 미리 불렸다가 무 넣고 끓이다가 다시마와 건고추는 건져내고,

4 끓는 다시마국물에 대구 넣고 **양념**해서,

5 애호박, 콩나물, 대파 넣고 한소끔 끓여,

6 부족한 간은 굵은 소금으로 하고, 쑥갓 얹어주면 끝.

황태포무침

황태포무침 하나 하는 데 들어가는 양념이 이렇게 많나 하실 수도 있지만
간단하게 한 두 개로 하면 제대로 된 맛이 나오기 힘들어요.
기왕 하는 거 조금 귀찮더라도 제대로 양념장 똑 부러지게 만들면
황태포무침만으로도 밥 한 그릇 뚝딱입니다.^-^

주재료 황태포(100g), 쪽파(2줄기),
식용유, 통깨(적당량)

양념장 고추장(1), 고춧가루(1), 다진
마늘(1/2), 식초(1), 간장(1), 맛술(1), 올리
고당(2), 참기름(1/2), 생강가루(약간)

recipe

1 황태포는 먹기 좋게 찢어
물을 살짝 뿌려 촉촉하게
해두고,

2 달군 팬에 식용유 두르고 약
한 불에서 살짝 볶아,

3 **양념장** 만들어 조물조물 무
쳐 송송 썬 쪽파와 통깨 뿌
려주면 끝.

황태양념구이

황태는 강원도 덕장에서 얼렸다 녹였다를 수없이 반복해서 만들어지는데
그래서 더욱 구수하고 쫄깃한 식감을 주지요.
인고의 시간을 이겨 낸 두툼한 황태살에 매콤달콤한 양념 발라 구워주면,
완벽한 밥도둑, 술도둑이 만들어져요.^-^

주재료 황태(대 1마리), 찹쌀가루(2),
녹말가루(2), 쪽파(3줄기), 식용유, 통깨
(적당량)

유장 간장(1/2), 참기름(1)

양념장 고추장(2), 고춧가루(1), 다진 마
늘(1), 간장(1), 올리고당(2), 설탕(1/2), 참
기름(1/2), 생강가루, 후춧가루(약간씩)

recipe

> 칼집을 넣어주면
> 구울 때 오그라들지
> 않아요.

> 양념장은 미리
> 만들어 숙성시키면
> 더욱 맛있어요

1 황태 대가리와 지느러미 자
르고 껍질 쪽에 칼집을 넣은
후, 물을 뿌려 비닐에 잠시
넣어 두었다가,

2 **유장**을 만들어 앞뒤로 발라
재워주고,

3 찹쌀가루(2)와 녹말가루(2)
를 섞어 고루 묻혀, 달군 팬
에 식용유 두르고 앞뒤로 뒤
집어가며 반 이상 익혀서,

4 **양념장**을 발라가며 타지 않
게 약한 불에서 살짝 구워
송송 썬 쪽파와 통깨 뿌려주
면 끝.

황태갈비구이

아직 매운 걸 잘 먹지 못하는 우리 딸을 위해 회심의 갈비 맛 나는 황태갈비를 선보입니다.
오늘도 여지없이 엄지손가락 올려주시는데요.ㅋㅋ
이 맛에 요리합니다.^-^

주재료 황태(중 1마리), 찹쌀가루(1),
녹말가루(1), 식용유(적당량)

양념장 간장(5), 청주(2), 다진 마늘
(1/2), 다진 파(1), 양파즙(4), 배즙(3),
올리고당(1), 설탕(1), 참기름(1), 깨소
금(1), 후춧가루(약간), 물(3)

recipe

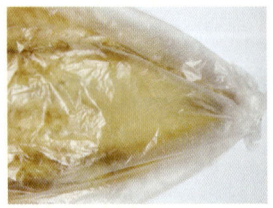

1 황태는 대가리와 지느러미
자르고, 물을 뿌려 비닐봉지
에 두었다가 먹기 좋게 잘라
주고,

2 **양념장** 만들어 반만 넣고 재
웠다가,

3 황태에 찹쌀가루(1)와 녹말
가루(1)를 섞어서 옷을 입히
고,

4 달군 팬에 식용유를 두르고,
남은 양념장 발라가며 구워
주면 끝.

황태해장국

해장에 좋은 황태에다가 숙취라면 으뜸인 콩나물이 들어가
맛도 영양도 기가 막힌 황태해장국!!
구수하고 개운한 황태해장국은 한국인이라면 누구나 좋아하는 국민해장국입니다.

주재료 황태포(1줌=60g), 콩나물(1줌), 양파(1/4개), 홍고추(1/2개), 쪽파(3줄기), 멸치다시마국물(6컵), 참기름(1/2)

양념 국간장(2), 다진 마늘(1/2), 소금(적당량)

recipe

1 황태포는 미지근한 물에 불려 먹기 좋게 자르고,

2 양파는 채 썰고, 홍고추 송송 썰고, 쪽파는 4cm 길이로 썰어 준비하고,

3 참기름(1/2) 두르고 양파와 황태 달달 볶다가, 멸치다시마국물(6컵) 붓고 **양념**하고,

4 끓어오르면 콩나물, 홍고추, 쪽파 넣어 한소끔 끓여주면 끝.

황태들깨미역국

아이 낳고 눈만 뜨면 먹는 미역국이 지겨워질 무렵 색다른 맛의 황태들깨미역국은 저에게 구세주였어요.
꼭 생일이 아니더라도 자주 먹게 되는 미역국에 신선한 변화를 주세요.
구수하고 부드러운 황태들깨미역국에
잘 익은 김치를 척 올려 먹으면 세상 부러울 게 없습니다.ㅎㅎ

주재료 황태(1줌), 불린 미역(2컵), 들기름(1), 들깨가루(4), 멸치다시마국물(8컵)

양념 국간장(2), 소금(적당량)

recipe

1 마른 미역은 찬물에 30분 이상 불려 깨끗이 헹궈 먹기 좋게 썰어주고,

2 황태에 물을 뿌려 촉촉하게 두었다가 먹기 좋게 잘라서,

3 들기름(1)을 두른 냄비에 미역과 황태를 넣고 볶아,

끓기 시작하면 불을 줄여 뭉근하게 푹 끓여주세요.

4 멸치다시마국물(8컵)을 붓고 끓이다가 들깨가루(4)를 넣고 양념해서 끓여주면 끝.

코다리조림

코다리는 명태를 꾸덕하게 말린 것으로 담백하고 쫄깃한 식감이 좋아 조려 먹기에 그만이에요.
비린 생선을 먹지 못하는 우리 엄마가 유일하게 드시는 생선이고요.
동시에, 생선요리를 가장 좋아하는 우리 딸이 최고로 극찬해주었던 반찬이기도 합니다.^-^

주재료 코다리(2마리), 풋고추(1개), 마늘(4개), 생강(1톨), 건고추(2개), 대파(1/2대), 식용유(적당량)

양념장 간장(4), 맛술(2), 설탕(1), 올리고당(2), 물(1컵)

recipe

1 코다리는 대가리, 지느러미를 제거하고, 깨끗이 씻어 먹기 좋게 잘라 물기 닦아주고,

2 마늘과 생강은 편으로 썰고, 고추와 대파는 어슷 썰어 준비하고,

3 달군 팬에 식용유 두르고 마늘, 생강, 건고추 넣고 볶다가,

4 코다리 넣고 겉면을 살짝 지지듯이 익혀서, **양념장** 붓고 자작할 때까지 조려서 고추와 대파를 넣고 살짝 볶아주면 끝.

오징어볶음

유일하게 바다가 없는 충북에서 20대까지 살아서인지 해물 중에 가장 대중적인 오징어가 제일 만만해요.
오징어는 손질해서 자투리채소들 넣고 양념장에 볶아주면 뚝딱이잖아요.
볶음을 물기 없이하려면 오징어를 데쳐서 하는 방법도 있지만,
전 한 숟가락 떠서 밥이랑 슥슥~ 비벼먹을 수 있는 국물이 좀 있는 것이 더 맛있더라고요.

주재료 오징어(대 1마리), 양배추(1줌), 애호박(1/4개), 당근(1/3개), 양파(1/2개), 깻잎(10장), 대파(1/2대), 풋고추, 홍고추(1개씩), 식용유(적당량)

양념장 고추장(2), 고춧가루(1), 간장(1), 설탕(1), 다진 마늘(1), 맛술(1), 깨소금(1/2), 생강가루, 후춧가루(약간씩) 또는 13페이지 만능고추장

recipe

1 오징어는 껍질을 벗겨 몸통 안쪽에 사선으로 칼집을 내서 먹기 좋게 썰어 준비하고,

2 고추와 대파는 어슷 썰고, 애호박과 당근은 길쭉하게 썰고, 양파는 채 썰고, 깻잎도 반 갈라 먹기 좋게 썰어주고,

3 달군 팬에 식용유 두르고 깻잎을 뺀 채소들 볶다가, 오징어와 **양념장** 넣고 볶아서,

4 오징어가 하얗게 익으면 마지막으로 깻잎 넣고 버무리듯 볶아주면 끝.

오징어동그랑땡

오징어가 들어간 동그랑땡은 고기로 만든 동그랑땡에 비해 쫄깃하게 씹히는 맛이 좋아요.
밥반찬, 간식, 술안주로도 그만이지요. 살짝 칼칼하면 더 맛있으니
청양고추로 매운맛을 조절하세요.

주재료 오징어(1/2마리), 두부(1/4모), 양파(1/4개), 청양고추(2개), 홍고추(1개), 식용유(적당량)

반죽양념 밀가루(3), 달걀(1), 다진 마늘(1/2), 맛술(1), 참기름(1/2), 소금(1/4), 후춧가루(약간)

recipe

두부를 면보에 싸서 물기를 완전히 짜주세요. 물기가 있으면 모양이 흐트러져요.

1 오징어, 양파, 고추는 잘게 다져 준비하고,

2 두부는 으깨서 물기를 꼭 짜고 **반죽양념**과 섞어주고,

3 반죽과 다진 재료들 모두 섞어,

4 중불로 달군 팬에 식용유 넉넉히 두르고 한 숟가락씩 떠서 부쳐주면 끝.

오징어국

생긴 것과 다르게 입맛이 참 순박한 제 남편이 제일 좋아하는 국이에요.
만들긴 정말 쉽고 간단한데 그렇게 맛있다네요.
저 인정받고 사는 여자예요.^-^

주재료 오징어(대 1마리), 무(1줌), 풋고추, 홍고추(1개씩), 대파(1/2대)

멸치다시마국물 국멸치(10마리), 다시마(사방 5cm 1장), 건표고버섯(1개), 물(6컵)

양념장 고추장(1/2), 고춧가루(2), 다진 마늘(1), 국간장(1), 맛술(1), 소금(적당량)

recipe

1 **멸치다시마국물**을 내서 체에 걸러 표고버섯은 따로 건져두고,

2 껍질 벗긴 오징어 몸통 안쪽에 대각선으로 칼집을 넣어 먹기 좋게 자르고,

3 무는 나박 썰고, 고추와 대파는 어슷 썰고,

국물 내고 건져 둔 표고버섯도 넣어주세요.

4 **멸치다시마국물**에 **양념장**을 풀고 무 넣어 끓이다가, 오징어와 고추, 대파 넣고 한소끔 끓이면 끝.

오징어충무김밥

언제 먹어도 맛있는 별미인 충무김밥!! 아직도 충무김밥을 통영이나 명동까지 가서 드시나요?
이제 집에서 만들어 드세요. 원래 충무김밥은 고기 잡으러 간 남편이
술로 끼니를 때우는 것이 안쓰러워 아내가 싸준 김밥이래요.
그렇다면 이번 주말 우리도 좀 싸줄까요?^-^

주재료 오징어(1마리), 무(5cm 1토막),
밥(2공기), 구운 김(4장)

무절임 식초(2), 설탕(1), 소금(1/2)

무침양념장 고춧가루(5), 간장(2), 다
진 마늘(1/2), 다진 파(1), 멸치액젓(2),
설탕(1), 올리고당(2)

밥양념 참기름(1), 소금(1/3)

recipe

1 무는 그냥 숭덩숭덩 빚어가
며 썰어 **무절임** 양념에 20
분 이상 재우고,

2 껍질 벗긴 오징어는 끓는 물
에 데쳐 무와 비슷하게 지그
재그로 썰어 준비하고,

3 무는 키친타월로 꾹꾹 눌러
물기 제거해서 오징어와 함
께 **무침양념장**에 버무리고,

4 구운 김을 4등분해서, **밥양
념**한 밥을 한 숟가락 펼치
고, 돌돌 말아 무무침과 함
께 내면 끝.

오징어순대

오징어순대는 집에서 만들기 어려울 것 같다고요?
넣고 싶은 재료들 모두 다져 넣고 찜기에 쪄주기만 하면 되는걸요.
오징어순대는 따뜻할 때 먹어야 맛있으니 금방 쪄낸 것이 아니라면
달걀물 만들어서 전처럼 지져서 드세요.

주재료 오징어(2마리), 두부(1/4모), 빨강·노랑파프리카(1/4개씩), 당근(1/3개), 밀가루(약간)

양념 달걀물(1/2개 분량), 다진 마늘(1/2), 다진 파(1), 두반장이나 간장(1), 설탕(1/2), 참기름(1/2), 검은깨(2), 소금, 후춧가루(약간씩)

recipe

1 배를 가르지 않은 통오징어는 끓는 물에 데쳐 다리는 따로 다져주고,

2 파프리카, 당근도 잘게 다지고,

3 두부는 칼등으로 으깨서 물기를 꼭 짜고, 다진 오징어, 파프리카, 당근과 양념 넣고 차지게 치대서,

밀가루는 접착제 역할을 해요. 그리고, 오징어를 컵에 넣고 소를 넣으면 쉬워요.

4 오징어 몸통에 물기를 닦아 내고, 몸통 안에 밀가루를 넣고 흔들어 고루 묻혀서 준비한 소재료 넣고,

터지지 않게 몸통에 이쑤시개로 찔러서 숨구멍을 만들어 주세요.

5 속을 80%만 채워서 이쑤시개로 고정시켜 김 오른 찜기에 20분 정도 쪄서,

6 한 김 식혀 썰어서 초간장이나 초고추장과 곁들이면 끝.

오징어탕수

오징어를 직접 튀겨서 만들면 더욱 좋겠지만 우리가 하루 세 끼, 아이 간식까지
하루 종일 매여 살 수는 없잖아요.^-^ 때로는 이런 트릭도 센스인 듯~
소스가 맛있으면 냉동식품으로 얼마든지 맛있는 일품요리를 만들 수 있어요.

주재료 시판 냉동오징어튀김(200g),
파인애플(2조각), 양파(1/4개), 청·홍
피망(1/4개씩), 식용유(적당량)

탕수소스 물(1컵), 토마토케첩(2), 식
초(3), 레몬즙(1), 간장(2), 설탕(4), 녹
말(1), 생강가루(약간)

recipe

1 시판 냉동오징어튀김을 튀
김기나 180℃로 예열한 식
용유에서 튀겨 기름기 빼고,

2 양파와 피망은 정사각형 모
양으로 썰고, 파인애플도 먹
기 좋게 썰어 준비하고,

3 달군 팬에 식용유 두르고 양
파, 피망, 파인애플을 넣고
볶다가,

4 **탕수소스** 재료 넣고 걸쭉하
게 조려지면 함께 버무리거
나 따로 내면 끝.

낙지비빔밥

쓰러진 소도 벌떡 일으킨다는 갯벌의 산삼~ 제가 가장 애정 하는 낙지라서
장보러갔을 때 국내산 낙지가 보였다 하면 바로 데려옵니다.
그냥 낙지볶음도 맛있지만 밥에 넣고 콩나물과 슥슥~ 비벼 먹는 매콤한 낙지비빔밥은
정말 최고인거 다들 인정하시죠?^-^

주재료 낙지(2마리), 콩나물(1봉지=
200g), 양파(1/2개), 풋고추, 홍고추(1
개씩), 대파(1/2대), 마늘(2개), 밀가루,
식용유(적당량), 통깨(약간)

콩나물밑간 다진 마늘(1/4), 참기름
(1), 소금(약간)

양념장 고춧가루(2), 고추장(1), 간장
(2), 설탕(1), 올리고당(1), 청주(1), 다진
마늘(1), 다진 생강(1/4)

recipe

> 낙지의 머리는
> 반 갈라 검은 내장을
> 제거해 주세요.

1 낙지는 밀가루를 뿌려 바락
바락 문질러서 깨끗이 씻어
먹기 좋게 썰고,

2 끓는 물에 콩나물 넣고 뚜껑
덮고 2분간 익혀서 **콩나물
밑간** 해두고,

3 달군 팬에 식용유 두르고 편
으로 썬 마늘, 어슷 썬 고추
와 대파, 채 썬 양파 넣어 볶
고,

4 낙지와 **양념장** 넣고 볶아서
통깨 뿌리고, 콩나물과 함께
밥 위에 얹어내면 끝.

낙지떡볶이

한국 사람이면 누구나 좋아하는 떡볶이~
이번에는 고급스럽게 즐겨볼까요? 앞서 소개된 국물떡볶이와는 반대로
기름떡볶이처럼 국물 없이 볶았더니 쫄깃한 맛이
어느 것이 떡볶이고 어느 것이 낙지인줄 모르겠다니까요.^-^

주재료 낙지(1마리), 양파(1/2개), 풋고추,
홍고추(1개씩), 떡볶이 떡(200g), 다진 마늘
(1), 참기름(1), 통깨(약간), 식용유, 밀가루(적
당량)

양념장 고추장(2), 고춧가루(3), 간장(1), 청
주(1), 멸치액젓(1), 설탕(1), 올리고당(1), 후춧
가루(약간)

recipe

살짝 데친다는 건,
끓는 물에 낙지를
담갔다가 꺼낸다는
느낌이 딱 맞습니다.

1 낙지는 밀가루를 뿌려 바락바락 문질
러 깨끗이 씻어 끓는 물에 살짝 데쳐
주고,

2 데친 낙지는 먹기 좋게 썰어 **양념장**에
버무려두고,

3 떡볶이 떡도 살짝 데쳐 참기름(1)에 버
무리고,

4 양파는 채 썰고, 고추는 어슷 썰어 준
비하고,

5 달군 팬에 식용유 두르고 다진 마늘(1),
낙지 볶아주고,

6 떡볶이 떡, 양파와 고추 넣고 볶다가
통깨 뿌려주면 끝.

낙지수제비

수제비에 낙지가 들어가니 국물의 시원함이 배가 되어
온 몸에 전율로 전해집니다. 근데 식당에서 먹는
쫄깃한 감자수제비 맛이 또 일품이잖아요.
그래서 저도 수제비에 감자를 갈아 함께 반죽했더니
훨씬 쫄깃하고 맛있는 낙지수제비가 만들어졌네요.

주재료 낙지(2마리), 애호박(1/4개), 마늘
(5개), 청양고추(2개), 홍고추(1개), 쪽파(2
줄기), 소금, 후춧가루(약간씩)

수제비반죽 감자(1개), 밀가루(2컵), 물(1/2
컵), 소금(1/3), 식용유(1/3)

멸치다시마국물 국멸치(15마리), 다시마
(사방 5cm 2장), 대파(1/2대), 통후추(약간),
물(8컵)

recipe

1 **멸치다시마국물**을 만들어 체에 걸러
준비하고,

2 애호박은 반달로 썰고, 고추는 어슷
썰고, 마늘은 편으로 썰어 준비하고,

3 준비한 멸치다시마국물 팔팔 끓여서
낙지 살짝 데쳐내고,

> 반죽할 때 물의 양은
> 감자 크기에 따라 달라질
> 수 있으니 반죽 정도를
> 봐가면서 넣으세요.

4 감자는 갈아서 다른 **수제비반죽** 재료
들과 충분히 치대서 냉장고에 숙성시
켰다가, 손으로 얇게 펴서 떼어가며
끓이고,

5 애호박, 마늘 넣고 끓이다 소금, 후춧
가루로 간을 하고,

6 낙지와 홍고추 넣고 끓이다가 송송 썬
쪽파 넣어주면 끝.

바지락달래된장찌개

늘 먹는 된장찌개지만 계절에 따라 다른 식재료로 변화를 주면 새로운 기분으로 더욱 맛있게 먹을 수 있죠.
오늘은 달래를 넣어 봄 향기 한 스푼에, 바지락을 넣은 바다 내음 두 스푼~ 넣었습니다.
너무 문학소녀 같은가요? 우리도 한 때는 문학소녀였잖아요.^-^

주재료 바지락(1줌), 달래(1/2줌), 애호박(1/4개), 두부(1/4모), 청양고추(2개), 대파(1/2대), 멸치다시마국물(3컵)
양념 된장(2), 고춧가루(1/2), 다진 마늘(1/3)

recipe

말풍선: 깔끔한 국물을 위해 된장은 체에 걸러서 풀어주세요.

1 달래의 뿌리 쪽 흙은 긁어내고 깨끗이 씻어 먹기 좋게 썰어 놓고,

2 애호박은 반달 썰고, 청양고추와 대파는 송송 썰고, 두부는 깍둑 썰어 준비하고,

3 멸치다시마국물(3컵)에 양념하고, 애호박과 두부, 깨끗이 씻은 바지락을 넣고 끓이다가,

4 대파와 청양고추 넣고, 마지막에 달래 넣어 주면 끝.

바지락근대된장국

근대는 예전에는 여름채소였지만 요즘은 사계절 마트에서 만날 수 있어요.
그래서 언제든 시원하고 구수한 국물맛을 내주는 근대로 빠르게 쉽게 후다닥~ 아침 국을 끓일 수 있습니다.
참고로 바지락 살을 넣고 끓이면 더욱 깊은 맛을 느낄 수 있어요.

주재료 바지락살(1줌=100g), 근대 (200g), 멸치다시마국물(5컵), 대파 (1대), 굵은 소금(약간)

양념 된장(2), 국간장(1/2), 다진 마늘(1/2)

recipe

삶은 근대에 물기를 좀 남겨서 냉동실에 두면 다음에 편하게 끓일 수 있어요.

1 굵은 소금 넣고 끓인 물에 근대를 넣고 데쳐서 찬물에 헹궈 물기 짜서 먹기 좋게 썰고,

2 바지락살은 옅은 소금물에 씻어주고,

3 멸치다시마국물(5컵)에 양념 넣고 끓여서,

4 근대와 조갯살 넣고 끓이다가, 어슷 썬 대파 넣어주면 끝.

바지락콩나물찜

쫄깃한 바지락살을 쏙쏙~ 빼먹는 재미와
아삭한 콩나물과 미나리 넣고 양념에 슥슥 비벼먹는 그 맛^-^
행복하다 느끼신다면 이것이 진정 힐링 푸드~~

주재료 바지락(1봉지), 미더덕(1/2컵), 콩나물(1봉지=250g), 미나리(1줌), 대파(1/2대), 홍고추(1개), 참기름(1/2), 식용유, 통깨(적당량)

양념장 고춧가루(3), 간장(1), 굴소스(1), 다진 마늘(1/2), 다진 파(1), 설탕(1), 청주(1), 생강가루, 후춧가루(약간씩)

녹말물 녹말가루(2), 물(4)

recipe

1 콩나물은 머리와 꼬리를 떼 내고,

2 대파와 고추는 송송 썰고, 미나리는 4cm 길이로 썰어 준비하고,

3 달군 팬에 식용유 두르고 바지락과 미더덕을 볶다가,

4 바지락입이 벌어지면 콩나물과 **양념장**을 넣고 뚜껑을 덮어 김이 나도록 익혀서,

5 미나리, 대파, 고추 넣고 볶다가,

6 **녹말물** 붓고 위아래 뒤집어가며 참기름(1/2), 통깨 뿌리면 끝.

바지락비빔밥

서해 쪽을 여행하다 보면 바지락으로 만든 음식을 파는 식당들이 많아요.
바지락죽, 바지락전, 바지락무침, 바지락비빔밥 등 모두 이름만 들어도 침이 꼴깍꼴깍 넘어가는 음식들이죠.
이번에 소개할 요리는 그 곳에서 먹어보았던 바지락비빔밥입니다.

주재료 바지락 살(400g), 밥(2공기), 양배추(1줌), 양파(1/2개), 영양부추(1줌), 미나리(1줌), 참기름, 통깨(적당량), 굵은 소금(약간)

양념장 고추장(3), 식초(2), 고춧가루(1), 설탕(1), 올리고당(1), 맛술(1)

recipe

1 옅은 소금물에 흔들어 씻어 준 바지락 살은 끓는 물에 데치고,

2 양파와 양배추는 채 썰고, 미나리와 영양부추는 3cm 길이로 썰어 준비하고,

3 **양념장** 만들어서,

4 야채와 바지락살을 양념장에 무쳐서 밥 위에 얹고, 참기름과 통깨 뿌려주면 끝.

바지락칼국수

바지락은 피로회복에도 좋고, 숙취해소에도 그만이에요.
피로회복과 숙취해소가 필요한 그 분을 위해
오늘은 쫄깃하고 시원한 국물을 만들어주는 바지락을 듬뿍 넣고
맛있는 칼국수를 끓여 볼까요?^-^

주재료 바지락(800g), 칼국수면(2인분), 양파(1/4개), 애호박(1/4개), 당근(1/4개), 쪽파(4줄기)

국물재료 물(8컵), 국멸치(1줌), 다시마(사방 5cm 2장), 마른 새우(1줌)

양념재료 국간장(2), 다진 마늘(1), 후춧가루, 소금(약간씩)

recipe

봉지바지락은 따로
해감을 하지 않고,
옅은 소금물에 바락바락
씻어주면 돼요.

1 냄비에 **국물재료** 넣고 육수 만들어 체에 걸러 두고,

2 육수에 채 썬 애호박, 당근, 양파 넣고 끓이다가,

3 칼국수를 훌훌 털어 넣고 삶아서,

4 바지락 넣고 입이 벌어지면 **양념재료**와 4cm 길이로 썬 쪽파 넣고 한소끔 끓여주면 끝.

봉골레파스타

봉골레는 모시조개나 바지락 등의 조개가 들어간 파스타로
오일소스를 이용하죠. 알리오 올리오는 마늘과 올리브오일만 가지고
만드는 오일파스타고요. 매력적인 오일파스타!
그 맛에 한 번 빠지면 헤어나지 못합니다.^-^

주재료 바지락(1봉지), 스파게티면(150g=
2인분), 마늘(4개), 건고추(4개), 올리브유,
파슬리가루(약간씩)

양념 화이트와인(4), 올리브유(4), 소금, 후
춧가루(약간씩)

recipe

와인이 없으면
청주로 대체하세요.

1 마늘은 얇게 저미고, 건고추는 씨를
빼서 가위로 잘라주고,

2 달군 팬에 올리브유 두르고, 마늘과
건고추 볶아 향을 내고,

3 바지락 넣고 볶다가, 화이트와인 붓고
2분간 뚜껑 덮어 익히고,

4 올리브유(1)와 소금 넣어 끓인 물에 스
파게티면을 넣고 8분 정도 삶아서 물
기 빼고,

5 올리브유(3) 두르고 스파게티면을 넣
고 볶아가며 소금간을 하고,

6 후춧가루와 파슬리가루를 뿌려주면
끝.

꼬막찜

벌교에 가면 주먹자랑은 하지 말라는 말이 있는데,
벌교사람들은 몸에 좋은 벌교꼬막을 많이 먹어서 엄청 힘이 센 가 봐요.^-^
꼬막이 고단백 저칼로리에 알칼리성 식품이라 요즘 열심히 헬스를 하고 있는 제가
솔깃하지 않을 수 없네요. 겨울에서 초봄이 제철이니 살 오른 꼬막 제철에 많이많이 드세요.

주재료 꼬막(800g)

양념장 간장(3), 고춧가루(1), 다진 마늘(1), 다진 파(2), 올리고당(1), 맛술(1), 참기름(1), 통깨(1/2)

recipe

1 잘박하게 물부어 깨끗이 씻은 꼬막을 삶고,

2 입이 벌어지기 시작하면 건져서 체에 밭쳐 물기 빼고,

3 한쪽 껍질은 떼 내고 꼬막살을 떼었다가 다시 올려주고,

4 **양념장**을 만들어 티스푼으로 꼬막에 얹어주면 끝.

꼬막야채무침

냉장고 속 신선한 야채들 모두 꺼내고, 살이 통통하게 오른 쫄깃한 꼬막은
살만 쏙쏙 빼서 무침을 만들었어요. 먹기도 너무 편하다며 가족들 모두 폭풍젓가락질 하다가
결국에는 왕창 넣고 비벼 먹기 들어가십니다.^-^~

주재료 꼬막(2줌), 오이(1/2개), 양배
추(1줌), 양파(1/4개), 깻잎(4장), 미나
리(1줌), 풋고추, 홍고추(1개씩), 통깨,
굵은 소금(약간씩)

양념장 고춧가루(3), 고추장(1), 간장
(2), 식초(1), 다진 마늘(1/2), 설탕(1), 올
리고당(1), 맛술(1), 연겨자(1/3), 참기름
(1), 소금, 후춧가루(약간씩)

1 꼬막은 옅은 소금물에 하룻
밤 두어 해감을 토하게 한
후, 깨끗하게 씻어 삶고,

2 삶은 꼬막은 살을 발라 주고,

오이는 물이 생기지
않게 소금에 살짝
절여 물기를 짜주세요.

3 양배추, 양파, 깻잎은 채 썰
고, 고추와 오이는 어슷 썰
고, 미나리는 4cm 길이로
썰어 준비하고,

recipe

4 준비한 꼬막, 채소들 넣고
양념장에 버무려 통깨 뿌려
주면 끝.

홍합탕

포차 무한리필로 유명한 홍합탕~ 우리 가족은 지난 겨울, 변산으로 여행 갔을 때 채석강 근처에서
산책하다가 직접 채취한 홍합으로 콘도에서 끓여 먹었던 홍합탕의 맛을 잊을 수 없어요.
어린 딸 때문에 그냥 풋고추를 넣었지만 청양고추 송송 썰어 넣으면 칼칼한 국물맛이 기가 막혀요. ^-^

주재료 홍합(500g), 풋고추, 홍고추
(1개씩), 쪽파(3줄기)

국물재료 청주(1), 다시마(사방 5cm
1장), 편으로 썬 마늘(1/2줌), 건고추
(2개), 무(1줌), 물(5컵)

recipe

1 홍합은 옅은 소금물에 담
가 해감해서 촉수나 이물
질은 잘라내고 깨끗이 손
질해서,

끓어오르면
다시마는 건져내세요.

2 **국물재료** 넣고 뚜껑을 닫
아 센 불에 끓이다가, 중
불에서 15분 정도 더 끓여
홍합 넣고,

3 끓어오르면서 나오는 거품
은 걷어내고, 고추 송송 썰
어 넣고,

4 송송 썬 쪽파 넣어주면 끝.

홍합매운볶음

매운 음식을 정신없이 먹다보면 스트레스고 뭐고 그냥 달아나버려요.
엄청 맵게 만들려고 캡사이신 넣은 외식요리 말고, 얼큰한 고춧가루와 화끈한 청양고추로
적당히 매운맛을 만드세요. '맛있게 맵다' 는 말 요럴 때 쓰는 말이죠. ^-^

주재료 홍합(500g), 대파(1/2대), 양파(1/2개), 청양고추(2개), 홍고추(1개), 고추기름(2), 다진 마늘(1), 다진 생강(1), 굵은 소금(약간)

양념장 고춧가루(2), 굴소스(1), 두반장(1), 청주(1), 설탕(1), 후춧가루(약간)

recipe

1 홍합은 불순물을 제거하고, 굵은 소금물에 바락바락 문질러 씻어 놓고,

2 대파와 양파는 잘게 다지고, 청양고추와 홍고추는 송송 썰어 준비하고,

3 달군 팬에 고추기름(2) 두르고 다진 마늘(1)과 다진 생강(1)을 볶아 향을 낸 후, 다져 놓은 대파와 양파도 볶고,

4 **양념장**과 홍합 넣고 볶다가 입이 벌어지면 송송 썬 고추 넣고 한 번 더 볶아주면 끝.

홍굴이짬뽕탕

홍합과 굴이 들어간 홍굴이짬뽕탕은 면을 삶아 넣어도 되고,
밥을 말아 먹어도 맛있어요.
유명한 짬뽕전문점 맛에 도전하려고 돼지고기도 넣어 봤는데,
역시 맛있습니다. ^-^
혹시 치킨스톡 있으시면 한번 넣어보세요.
더욱 진하고 깊은 국물맛을 낼 수 있어요.

주재료 홍합(300g), 굴(1봉지=150g), 오징
어(1/2마리), 양배추(2장), 양파(1/2개), 대파
(1대), 돼지고기(등심 100g), 마늘(2개), 생
강(1/2톨), 고추기름(4), 치킨스톡(2개), 굵은
소금(약간), 물(6컵)

고기밑간 청주(1), 간장(1/2), 후춧가루(약간)

양념장 두반장(2), 굴소스(1), 고춧가루(4),
청주(1), 소금, 후춧가루(약간씩)

recipe

1 홍합은 불순물 제거하고 소금물에 바락바락 문질러 씻고, 굴도 옅은 소금물에 헹구고, 오징어는 껍질 벗겨 먹기 좋게 썰고,

2 양파는 채 썰고, 대파는 송송 썰고, 양배추도 먹기 좋게 썰어 준비하고,

마늘과 생강은 다지면 국물이 지저분해지니 채 썰어 주세요.

3 돼지고기는 채로 썰어 **고기밑간**해서 재웠다가, 고추기름(4) 두르고 마늘과 생강 볶아 향낸 팬에 볶고,

4 양배추와 양파도 넣어 달달 볶아주고,

5 홍합, 오징어, 굴과 **양념장** 넣어 볶다가,

6 물(6컵) 붓고, 치킨스톡(2개)을 넣고 팔팔 끓여서, 마지막으로 대파를 넣어주면 끝.

새우파인애플볶음밥

상큼하고 달콤한 파인애플이 들어간 새우볶음밥~
우리 딸, 한 숟가락 뜨더니 '이 맛에 빠져 버렸다.' 네요. 표현이 기가 막히죠.^-^
아무래도 볶음밥에 생각 못했던 파인애플이 있으니 맘에 쏙 들었나 봐요.

주재료 칵테일새우(15마리), 소고기 (불고기용 1줌=60g), 밥(2공기), 파인애플링(1조각), 청·홍피망(1/4개씩), 양파(1/4개), 식용유, 소금(약간씩)

밑간 청주(1), 소금, 후춧가루(약간씩)

양념 굴소스(2), 참기름(1), 소금, 후춧가루(적당량)

recipe

1 소고기는 먹기 좋게 썰어 밑간하고,

2 달군 팬에 식용유를 두르고 소고기 볶다가 작은 사각형 모양으로 썬 양파와 피망도 소금간하면서 볶고,

3 밥(2공기)을 볶다가 칵테일 새우와 깍둑 썬 파인애플도 넣고 고루 볶아서,

4 **양념** 넣고 부족한 간은 소금으로 해주면 끝.

새우튀김

바사삭~ 씹는 소리까지 고소하고 맛있는 새우튀김은
앞에 소개된 어묵국물떡볶이랑 함께 먹으면 더욱 맛있어요.
소스가 필요하시다면 해산물과 잘 어울리는 타르타르소스나 레몬간장과 함께 내세요.

주재료 중하새우(20마리), 튀김가루
(4), 빵가루(1컵), 파슬리가루(1), 달걀
(1), 식용유(적당량)

밑간 청주(1), 소금, 후춧가루(약간씩)

recipe

빵가루에 물 약간
뿌려 촉촉하게 해서
파슬리가루와 고루
섞어주세요.

180℃는 빵가루
조각을 넣었을 때
바로 올라오는
온도예요.

1 새우의 내장 빼고, 꼬리 가
운데 물샘 자르고, 머리와
꼬리만 남기고 껍질 벗겨 준
비하고,

2 새우에 **밑간**해서 30분 정도
두었다가,

3 키친타월로 새우물기를 없
애고, 튀김가루 → 달걀물
→ 빵가루 순으로 튀김옷을
입혀,

4 180℃로 예열한 식용유에
튀겨주면 끝.

새우알탕

시원하고 맛있는 알탕에 새우까지 들어가니
캬아~ 하는 감탄사가 더 커지네요.^-^
얼큰하고 뜨끈한 국물이 생각날 땐 새우알탕을 끓여보세요.
가족 모두 환영할 거예요.

주재료 새우(4마리), 명란(1줌), 곤이(1줌), 무(1줌), 미나리, 콩나물(1/2줌씩), 대파(1대), 쑥갓(2줄기), 청·홍고추(1개씩), 소금(약간)

멸치다시마국물 국멸치(1줌), 마른 새우(1줌), 다시마(5cm 2장), 물(5컵)

양념장 고춧가루(3), 다진 마늘(1/2), 국간장(1), 새우젓(1), 청주(1), 양파즙(3), 생강가루, 후춧가루(약간씩)

recipe

1 **멸치다시마국물** 만들어 체에 걸러두고,

2 새우는 등쪽 내장을 빼고, 명란과 곤이는 옅은 소금물에 흔들어 씻고,

3 무는 나박 썰고, 콩나물은 꼬리를 다듬고, 고추와 대파는 어슷 썰고, 미나리와 쑥갓은 4cm 길이로 썰고,

4 멸치다시마국물에 무와 **양념장**을 넣고 끓이다가,

5 명란, 곤이, 새우와 콩나물을 넣고 뚜껑을 덮어 2분간 끓여서,

6 부족한 간은 소금으로 하고, 고추, 대파, 쑥갓, 미나리 얹어 한소끔 끓여내면 끝.

깐쇼새우

서양에는 새우튀김을 칠리소스에 버무린 칠리새우가 있다면,
중국에는 두반장으로 매콤한 맛을 내서 버무리는 깐쇼새우가 있어요.
전 칠리소스와 두반장 둘 다 넣어 만들었는데요.
좀 더 매콤한 맛을 원하시면 청양고추를 잘게 다져 소스에 넣어주세요.
이것이 바로 다국적 새우요리네요.^-^

주재료 중하새우(16마리), 노랑·빨강파프
리카(1/2개씩), 청피망(1/2개), 양파(1/4개),
다진 마늘(1/2), 고추기름(3), 식용유(적당
량), 참기름(1/2), 통깨(약간)

밑간 청주(2), 소금, 후춧가루(약간씩)

반죽 달걀(1개), 녹말가루(6)

소스 토마토케첩(3), 칠리소스(4), 두반장
(1), 설탕(1), 맛술(1), 식초(1), 물(1/2컵)

녹말물 녹말(1), 물(1)

recipe

1 새우는 등쪽 내장을 빼고, 꼬리의 물
샘도 제거하고, 껍질을 벗겨 **밑간**하
고,

2 파프리카, 양파, 피망은 잘게 다져 준
비하고,

3 키친타월로 새우의 물기를 없앤 후 **반
죽**을 만들어 고루 버무려서,

4 180℃로 예열된 식용유에 튀겨 기름
기를 빼주고,

5 달군 팬에 고추기름(3) 두르고 다진 마
늘(1/2) 볶다가 다진 채소와 **소스** 재료
넣고 소스 만들어서,

6 소스에 튀긴 새우를 넣고 **녹말물**을 부
어 버무리듯 볶아 참기름(1/2), 통깨 뿌
려주면 끝.

연어샐러드

연어는 미국타임지가 선정한 10대 슈퍼푸드 중 하나예요. 그 중 유일한 생선이기도 하고요.
오메가3와 비타민 A, B, D, E가 듬뿍은 물론이고, 다크서클과 피부미용에 좋다는 말에
샐러드바에 가면 물릴 때까지 몇 접시 먹고 왔던 기억 다들 있으실 거예요.^-^

주재료 훈제연어슬라이스(10장), 양 상추(1/2줌), 치커리(1/2줌), 로메인(3 장), 겨자채(3장), 양파(1/2개)

드레싱 올리브유(1/2컵), 식초(3), 다 진 마늘(1/3), 설탕(1/2), 화이트와인이 나 맛술(2), 레몬즙, 파슬리가루, 소금, 후춧가루(약간씩)

recipe

1 채소들은 깨끗이 씻어 먹기 좋게 찢고, 양파는 곱게 채 썰어 찬물에 담가두고,

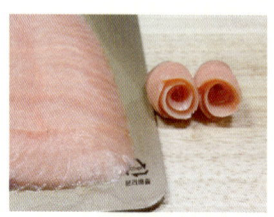

2 얇게 포를 떠 놓은 훈제연어 는 한 장씩 돌돌 말아 장미 모양 만들고,

3 드레싱 만들어 고루 섞어 서.

4 물기를 뺀 채소를 접시에 담 고 장미 모양의 연어를 올려 드레싱을 뿌려주면 끝.

연어채소말이

무쌈이나 월남쌈처럼 연어로 야채말이를 만들어주면 멋지고,
고급스러워서 손님접대에도 좋은 요리가 완성됩니다. 연어와 잘 어울리는 상큼한 시저드레싱을 응용해서
우리에게 친숙한 멸치액젓을 넣어 만들었더니 쉽고 간단하게 고급스러운 맛이 연출됐어요.^-^

주재료 훈제연어슬라이스(16장), 무순(1팩), 양파(1/2개), 청·홍피망(1/2개씩), 노랑파프리카(1/2개)

드레싱 마요네즈(1/2), 파르메산치즈가루(1/2), 식초(1), 설탕(1/2), 멸치액젓(1/2), 다진 양파(1), 다진 마늘(1/2), 후춧가루(약간)

recipe

1 피망, 파프리카는 채 썰고,
양파도 채 썰어 찬물에 담갔
다 물기 빼서 준비하고,

2 드레싱 만들어 준비하고,

3 연어에 무순과 채 썬 채소들
올려 돌돌 말아 접시에 담고
드레싱과 함께 내면 끝.

양념꽃게장

꽃게 철이 되면 마트에 싱싱한 꽃게들이 다리를 흔들며 이리 와 보라 하죠.
뭐든 제철이 가장 맛있고 또 저렴해서 제철재료를 이용한 요리를 할 때가 가장 즐겁답니다.^-^
만 원에 업어 와서 뚝딱뚝딱 양념꽃게장 만들어 놓으니 매운 거 잘못 먹는 우리 딸도
달려들어 맵다고 식식대면서도 맛있게 먹는 모습을 보니 뿌듯하네요.

주재료 꽃게(5마리), 양파(1/4개), 풋
고추, 홍고추(1개씩)

양념장 고춧가루(5), 고추장(1/2), 간
장(7), 청주(2), 매실청(3), 물엿(5), 양
파(갈아서 4), 배(갈아서 4), 다진 마
늘(2), 다진 생강(1/2), 참기름(2), 통
깨(1), 후춧가루(약간)

recipe

1 꽃게는 솔로 깨끗이 씻어 등
딱지 떼고, 안쪽 삼각형 딱
지도 제거하고,

2 뾰족한 다리 부분 잘라내고,
몸통 2등분해서 손질하고,

3 양파는 채 썰고, 고추는 어
슷 썰어 준비하고,

4 **양념장** 만들어 꽃게와 준비
한 채소에 넣고 버무려주면
끝.

간장게장

이번에 소개해드릴 요리는 밥도둑의 원조 간장게장인데요. 생각보다 쉬워서 많이 놀라실 거예요.
쪽쪽~ 살 발라 먹고, 등껍질에 밥 비벼먹는 그 밥도둑~
이제 집에서 쉽게, 그리고 짜지 않게 만들어 드세요.^-^

주재료 꽃게(1kg), 청양고추, 홍고추
(1개씩), 통깨(약간)

국물재료 양파(1개), 다시마(사방 5cm
2장), 마늘(10개), 생강(1톨), 건고추(3
개), 대추(10개), 통후추(약간)

절임장 간장(3컵), 물(5컵), 매실청(4),
설탕(1), 청주(5)

recipe

1 **국물재료**에 **절임장** 붓고 팔
팔 끓으면 다시마는 건지고
약한 불에서 40분 정도 은근
히 끓여 절임간장물 만들고,

2 꽃게는 솔로 깨끗이 씻어 양
념이 배게 다리 끝 1cm 잘
라주고,

3 절임간장물 체에 걸러 식혀
서 꽃게가 잠길 정도로 붓
고, 냉장고에서 2~3일 숙성
시켰다가 간장물만 따라내
서 끓이고 식혀서 다시 부어
냉장고에서 숙성시키고,

4 숙성된 게장은 등딱지 떼서
먹기 좋게 잘라, 고추 다져
서 올리고, 통깨 뿌려주면
끝.

꽃게누룽지탕

바삭하게 튀긴 누룽지에 소스를 부으면 치이익~ 하는
맛있는 소리가 멋진 누룽지탕을 집에서도 만들어보세요.
냉장고에 버섯이 있으면 함께 넣어도 좋고, 깊은 국물을 만들어주는
중화누룽지가 없다면 집에서 만든 누룽지로 하세요.
누룽지탕의 핵심인 소스가 맛있으면
얼마든지 중국집 일품요리 맛을 낼 수 있답니다.

주재료 꽃게(1마리), 중하새우(4마리), 양파
(1/2개), 청·홍피망(1/2개씩), 청경채(3개), 참
기름(1/2), 식용유(적당량)

삶는 재료 무(2cm 1/2토막), 청주(1), 다진
마늘(1), 물(3컵)

소스 꽃게 삶은 물(2컵), 간장(1), 굴소스(1),
치킨스톡(1), 맛술(1), 설탕(1/2), 생강가루, 후
춧가루, 소금(약간씩)

녹말물 녹말(1), 물(2)

recipe

1 꽃게는 등딱지 떼고 다리 끝을 잘라
토막 내고, 새우도 등쪽 내장 빼고 껍
질과 머리 제거하고,

2 피망과 양파는 정사각형 모양으로 썰
고, 청경채는 살짝 데쳐 준비하고,

3 **삶는 재료** 넣고 끓여서 꽃게와 새우
넣어 데치고,

4 달군 팬에 식용유 두르고 피망과 양파
볶다가,

간이 부족하면
소금으로 하세요.

5 **소스** 재료 넣고 끓이다가, 꽃게와 새
우 넣고, **녹말물** 만들어 붓고 참기름
(1/2) 둘러 따뜻하게 두었다가,

6 180℃ 기름에 누룽지 튀겨 그릇에 담
고 따뜻하게 둔 소스 부어내면 끝.

꽃게찌개

꽃게탕과는 조금 다른 꽃게찌개는 탕에 비해 손쉽고,
된장을 넣어 비린 맛은 잡아주고, 구수한 맛을 살린 찌개입니다.
어느 때보다 쉽고 간단하게 차렸는데 굉장히 푸짐해 보이는 식탁이네요.
이것은 모든 우리 주부의 바램입니다.^-^

주재료 꽃게(2마리), 무(3cm 1토막),
애호박(1/3개), 대파(1/2대), 풋고추,
홍고추(1개씩), 멸치다시마국물(4컵),
고춧가루(1)

양념장 고추장(2), 된장(1), 국간장(1),
다진 마늘(1), 청주(1), 소금(적당량)

recipe

1 꽃게는 등딱지 떼고 다리 정
리해서 토막 내주고,

2 무는 나박 썰고, 애호박은
반달 썰고, 고추와 대파는
어슷 썰어 준비하고,

3 멸치다시마국물(4컵)에 **양
념장** 풀고, 무 넣고 뚜껑 덮
어 익히다가 꽃게 넣고 바글
바글 끓여서,

4 애호박, 고추, 대파 넣고, 고
춧가루(1) 넣어 한소끔 끓여
주면 끝.

전복밥

늘 먹는 밥 대신 오늘은 전복을 넣어
밥만 먹어도 쫄깃쫄깃 차진 전복밥을 지어보세요.
부추 넣어 만든 비빔간장만 있으면 김치말고 다른 반찬은 필요 없어요.^-^

주재료 전복(3마리), 쌀(2컵), 부추 (5줄기)

밥양념 청주(1), 참기름(1/2)

비빔간장 간장(3), 고춧가루(1/2), 다진 마늘(1/2), 맛술(1), 설탕(1/2), 통깨 (1/2)

전기압력솥의 경우 보온재가열을 눌러 전복을 살짝 익혀주면 딱 좋아요.

recipe

1 숟가락으로 전복껍질 떼고 입도 제거하고, 내장과 살 분리해서 편으로 썰고,

2 쌀 씻어 밥 물 붓고 **밥양념** 하고, 전복내장 터뜨려 체에 걸러 밥 짓고,

3 부추는 송송 썰어 **비빔간장** 만들어 섞어주고,

4 밥이 다되면 썰어놓은 전복 살 넣고 뜸 들여서 비빔간장 곁들이면 끝.

전복된장찌개

어제 먹고 오늘 먹어도 질리지 않는, 대한민국 사람이면 누구나 좋아하는 된장찌개!!
그 중 우리 집 최고인기는 전복된장찌개예요.
왜 간혹 늦은 시간 장을 보거나 떨이로 작은 전복들은 저렴하게 팔 때 있잖아요.
그럴 때 데려와서 된장찌개를 끓이시면 됩니다.^-^

주재료 전복(3~4마리), 미더덕(1/2컵), 중하새우(3마리), 애호박(1/4개), 무(2cm 1토막), 풋고추, 홍고추(1개씩), 대파(1대), 멸치다시마국물(4컵), 굵은 소금(약간)

양념 된장(2), 고추장(1/2), 고춧가루(1), 다진 마늘(1/2), 소금(약간)

recipe

전복껍질도 칼끝으로 긁어 깨끗이 씻어 주세요.

1 전복, 새우, 미더덕은 옅은 소금물에 흔들어 씻고,

2 무는 나박 썰고, 애호박은 반달 썰고, 대파와 고추는 어슷 썰고,

3 멸치다시마국물(4컵)에 무 넣고 끓이다가 전복, 새우, 미더덕과 **양념** 넣어 끓이고,

4 대파, 고추 넣고 한소끔 끓여 주면 끝.

전복구이

전복구이는 입맛 까다로운 우리 딸도 없어서 못 먹죠. 치즈를 올려 오븐에 구워도 좋고요.
그냥 이렇게 버터에 구워도 참 맛있거든요.
내 입에 들어갈 것 없어도 자식 먹는 것만 봐도 행복한 것이 엄마의 마음이죠.
비타민과 미네랄이 풍부해서 몸에 좋다는 전복 이렇게 저렇게 많이 먹여 보자고요.

주재료 전복(6개), 잣가루(1), 식용유
또는 버터(적당량)

양념장 간장(2), 다진 마늘(1/2), 다진
파(1), 설탕(1), 참기름(1), 깨소금, 소금,
후춧가루(약간씩)

전복에 칼집을
넣으면 간도 잘 배고
오그라들지 않아요.

recipe

1 전복은 숟가락으로 껍질 떼
어 내장과 입제거하고, 안쪽
에 칼집 넣어 주고,

2 **양념장** 만들어 20분 정도
재웠다가,

3 달군 팬에 식용유나 버터 두
르고 재빨리 익혀,

4 깨끗이 씻어 둔 껍질에 다시
담고 잣가루(1) 뿌려주면 끝.

전복미역국

미역국에 넣는 재료에 따라 홍합미역국, 닭가슴살미역국, 굴미역국, 들깨미역국 등 종류도 참 많지만
소고기와 전복을 함께 넣은 스페셜 미역국은 가족의 생일날 아침에만 등장합니다.
사랑과 정성을 가득 담은 스페셜 미역국으로 미역국보다 더 뜨끈한 가족의 사랑을 느낄 수 있도록…:^-^

주재료 전복(2마리), 불린 미역(2컵), 소고기(양지머리 150g), 물(8컵), 국간장(2)

고기밑간 다진 마늘(1), 국간장(1), 맛술(1), 참기름(1)

recipe

부족한 간은 소금으로 해주세요.

1 마른 미역은 찬물에 30분 이상 불려 깨끗이 헹궈서 먹기 좋게 썰고,

2 키친타월로 눌러 핏물 뺀 소고기는 **고기밑간**해서 30분간 재우고,

3 밑간한 소고기 넣고 달달 볶다가 미역도 함께 볶고,

4 물(8컵) 붓고 국간장(2) 넣어 끓이다가 손질한 전복 편으로 썰어 넣고 끓여주면 끝.